Bewogen stilte

Bewogen stilte

Oorlogsherinneringen
van twee zussen

Betty Bausch-Polak

Liesje Auerbach-Polak

Nanda van der Zee

Dit boek is ook verschenen in:
Hebreeuws: *HaSheket SheNishbar.*
Duits: *Bewegtes Schweigen*
Engels: *Broken Silence*

ISBN 978-965-7542-27-9

Dit boek is verkrijgbaar via:

E-mail: tsurtsinapublications@gmail.com
Website: www.lulu.com

Photos: Betty Bausch en Lies (Elisheva) Auerbach en internet.

Een *Tsur Tsina* Productie
Grafische vormgeving: Petra van der Zande

Gedrukt door Printiv, Jerusalem, Israël

Aan onze ouders in hun naamloze graf.
Intens dankbaar
voor het leven dat zij ons schonken.

Onze ouders, Griet and Frederik, vlak voor hun trouwdag, ca. 1909

PROLOOG NANDA bij de eerste druk in 2004

Het was een ontroerende taak 'Bewogen stilte' te mogen her-
formuleren en, waar dat gewenst was, aan te vullen. In dit
egodocument waarin Lies en Betty Polak afwisselend aan het
woord komen, blijft de gelijktijdigheid in de beleving van alles
wat hen overkomt, de een hier, de ander daar, frapperen. Ondanks de volslagen verschillende ervaringen in een wereld die
in het teken van oorlog stond, ervoeren zij wezenlijk hetzelfde. In dit boek groeien zij uit tot twee sterke persoonlijkhe-
den, tot twee vrouwen die zich, ondanks hun zwaar beladen
verleden, niet alleen in het leven hebben hervonden, maar
die dat ook, ieder op eigen wijze, een positieve vorm hebben
weten te geven. Veel van wat er over de Tweede Wereldoorlog verschenen is en nog steeds verschijnt, is gebaseerd op
secundaire bronnen.
'Bewogen stilte' behoort tot een andere categorie: tot die van
het authentieke verslag, tot die van een zelf doorleefd stukje
geschiedschrijving.

PROLOOG LIES 2014

Wij, de zusjes Betty en
Lies, deelden achttien jaar
lang lief en leed in ons ouderlijk huis in de Plantage-
buurt in Amsterdam. We
waren sterk bij elkaar betrokken tijdens die heerlijke jeugdja-
ren. Toen kwam de oorlog. We overleefden die beiden. Betty
bleef in Nederland, zelf kwam ik in Palestina terecht. Maar
we onderhielden een intensieve briefwisseling, waarvan veel
bewaard gebleven is. Ik trouwde, kreeg kinderen en kleinkin-

deren. Betty had een turbulent leven aan de zijde van een kunstenaar.

Zelden zal men twee zusters zien, die aan de ene kant zo sterk van elkaar verschillen en aan de andere kant dingen precies hetzelfde doen, dingen hetzelfde beleven. Het woord 'wegdoen' bijvoorbeeld kennen we niet. Vandaar het bestaan van onze soms meer dan vijftig jaar lang bewaard gebleven brieven. Na een lange tijd van scheiding hebben onze levens zich ten slotte toch weer verenigd. In Israël.

De oorlog heeft grote invloed op ons leven gehad en ook al wilde ik niets liever dan een streep onder het oorlogsverleden zetten, vergeten bleek onmogelijk.

Mijn man en ik probeerden onze kinderen als vrije, gezonde Israëliërs op te voeden en er vooral geen 'tweede-generatie'-kinderen van te maken, belast met de tragische herinneringen van hun ouders. Toen kwam het proces tegen Eichman in 1961 in Jeruzalem. Onze zonen volgden het nauwgezet en plotseling drong het in de volle omvang tot hen door wat er met het Jodendom in Europa was gebeurd. Ze beseften wat wij hadden doorstaan en dat wij, onder weinigen, bewaard gebleven waren voor het vreselijke lot dat miljoenen anderen hadden moeten ondergaan. Wij bleven echter zwijgen en onze zonen vroegen niets; alsof er een stille afspraak was gemaakt daar waar het de holocaust betrof.

Maar met het derde geslacht werd het grote zwijgen verbroken. De kleinkinderen lieten ons niet met rust, begonnen vragen te stellen, vragen die wij allengs gingen beantwoorden.

Wij danken onze zonen dat ze ons zwijgen hebben begrepen en wij danken onze kleinkinderen dat ze in staat waren ons hart te openen.

Dank komt toe aan Steven Spielberg, wie het gelukt is om zelfs mijn man aan het spreken te krijgen. Van de opbrengst van zijn film 'Schindler's List' heeft Spielberg in de hele wereld overlevenden van de holocaust opgespoord en hen ertoe gebracht ten overstaan van de camera hun levensverhaal te vertellen. Opdat het leed dat geleden is niet in de vergetelheid zal raken. Dank ook aan een ieder die mij aanmoedigde dit boek te schrijven onder wie in de eerste plaats mijn man.

Heel speciale dank gaat uit naar mijn zuster Betty, die decennialang mijn brieven bewaarde. Die brieven, in het bijzonder die uit de jaren 1944-1947, toen ik in het Hadassa-ziekenhuis in Jeruzalem werkte, hebben als bouwstenen voor dit boek gediend.

PROLOOG BETTY

Lies en ik schreven onze herinneringen aan de Tweede Wereldoorlog op. Dat gebeurde pas op latere leeftijd.

Tot ver in de jaren zestig van de vorige eeuw werden de ervaringen weggedrukt, probeerde ieder een nieuw leven te beginnen en zwegen wij over alles wat er gebeurd was.

Immers, iemand die er niet middenin had gezeten, kon onmogelijk begrijpen wat zich had afgespeeld. Het onbegrip van de andere kant maakte dat men iedere herinnering aan destijds verdrong.

Dat veranderde bij mij nadat ik toestemde in een radio-interview met Pim van der Hoff voor de Evangelische Omroep in 1991. De onverwachte reacties daarop van bekenden en onbekenden, de emoties die daaruit naar voren kwamen, deden mij beseffen dat het tijd werd om de generaties na ons over het verleden te vertellen. Toch heeft het nog meer dan tien jaar geduurd eer ik mijn belevenissen op papier kon zetten.

De aanzet daartoe vormde de publicatie van de biografie in het Hebreeuws en in het Engels van mijn jeugdvriend, Benno Gitter. Dat het nageslacht op die wijze zijn boeiende leven in drie continenten kan meebeleven, was een aanmoediging om mijn eigen ervaringen op te schrijven, zoals ook het ontroerende verhaal dat mijn broer Jaap en zijn vrouw Ina publiceerden over hun ontluikende liefde in de kampen Westerbork en Bergen-Belsen. Met name het voorstel van Pim van der Hoff om ons beider oorlogsverhaal te boek te stellen, is een enorme stimulans geweest. Daarbij heeft ons met grote toewijding Legien Kromkamp terzijde gestaan. Maar het is in eerste en in laatste instantie Lies geweest, door wie ik me daadwerkelijk tot het schrijven zette.

Wij, de zusjes Polak, hebben ieder een heel eigen, totaal verschillend verhaal. Lies, de jongste, verbleef in concentratiekampen en werd gered dankzij een uitwisseling van Duitse Tempeliers in Palestina tegen Joodse gevangenen in Bergen-Belsen. Zo belandde zij, dankzij haar Palestinacertificaat, in 1944 in Palestina.

Ondanks alle tegenslagen wist zij daar, vanaf 1948 in de staat Israël, een mooi leven op te bouwen, net als broer Jaap, die destijds als een geraamte uit het concentratiekamp teruggekomen was, dat in Amerika zou doen. Het was bouwen op puinhopen waaronder ieder fundament was weggeslagen.

Zelf ben ik, nadat alle pogingen om naar Engeland te vluchten verijdeld waren, samen met mijn man, Philip de Leeuw, als onderduikster de bezettingstijd in Nederland doorgekomen. Philip, die actief was in het verzet, werd in 1944 na een mislukte aanslag op een spoorlijn bij Bilthoven gefusilleerd. Ik overleefde. Ondanks de calamiteiten die ons zijn overkomen hebben mijn broer Jaap, Lies en ik ons uit de puinhopen weten te bevrijden. Dit is ons verhaal.

Kfar Saba, september 2014

VOOROORLOGSE JAREN 1933—1940

BETTY

Negentien jaar was ik, toen ik de stad Amsterdam waar ik geboren ben, verliet, om er slechts af en toe als bezoeker terug
te keren. Wonen zou ik er niet meer kunnen. Als ik door de
eens zo schilderachtige Joodse buurten dool, nu doorsneden
door brede autowegen, geflankeerd door pompeuze, ultra-
moderne gebouwen, word ik achtervolgd door de schimmen
van alle voorgoed verloren dierbaren die weggehaald en de
dood ingedreven werden.

Thuis in het warme, vrolijke gezin met mijn oudste zusje Juul
en mijn jongste zusje Lies, mijn oudere broer Jaap en mijn geweldige, lieve ouders, had ik een fijne, beschermde jeugd.
Buiten waren er de crisisjaren en vanaf 1933, toen Hitler in
Duitsland aan de macht kwam, werd mijn tienertijd in toenemende mate overschaduwd door de opkomst van het natio-
naal-socialisme. Van meet af aan werden wij geconfronteerd
met de bittere gevolgen daarvan in de toestromende Duits-
Joodse vluchtelingen. Mijn ouders die altijd openstonden
voor het leed van anderen, boden hulp waar ze maar konden.
Hoe vaak niet heb ik gestaan, tot in het diepst van mijn hart
beschaamd, met schalen voedsel in mijn handen op een ar-
moedige bovenwoning. Hoog ontwikkelde, intens beschaafde
mensen trof ik er in grote ontreddering aan. Bang voor hun
dankbaarheid wist ik niet hoe snel ik me uit de voeten moest
maken.
Voor mij was het duidelijk dat als dergelijke mensen, cultuur-
dragers, wetenschappers en kunstenaars, de steunpilaren van
de samenleving, alles achter zich hadden moeten laten om
hun leven in veiligheid te brengen, Hitler het grootste gevaar
voor die samenleving vormde. Het was angstaanjagend om

Met onze ouders in de bossen van Bussum. Liesje (l.) en Betty (r.) ca. 1928

zijn brallende redevoeringen die via de radio de kamer in werden geslingerd, te moeten beluisteren. Helaas behoorde ik tot de weinigen die geloof hechtten aan zijn steeds weer herhaalde adagium dat Joden de ratten van de wereld zijn en daarom uitgeroeid moeten worden.

De dreigementen en scheldkanonnades waren dermate pervers dat de meeste mensen Hitler niet serieus namen. Die susten je met 'Ach, dat moet je allemaal niet zo ernstig nemen' en staken vervolgens hun kop in het zand.

Maar vanaf het eerste moment dat ik hem zijn walgelijke verwensingen hoorde uitschreeuwen, was ik ervan overtuigd, dat wat hij zei, hij ook zou dóén. De tekenen immers waren zo overduidelijk. Ook voor mijn humane, altruïstische ouders die zich echter op het standpunt stelden dat je de gemeenschap niet in de steek mocht laten om het vege lijf te redden. Het is hun dood geworden.

Ik zal een jaar of achttien zijn geweest, toen de naderende catastrofe zich voor mij begon af te tekenen. Op het bioscoopjournaal kwam het onthutsende bericht dat Chamberlain aan Hitler de hand had gereikt, over de rug van Tsjecho-Slowakije heen. Een vredelievend land, verkwanseld door een laaghartige overeenkomst. Als een bliksemschicht ging het door me heen dat nu geheel Europa in gevaar was. Het was een keerpunt in mijn leven. Ik stond op in de doodstille bioscoop en met mij nog enige anderen en wij begonnen te jouwen, te schreeuwen tegen die Chamberlain, tegen die Hitler. Vanaf dat ogenblik was het me duidelijk dat ik niet meer met de kudde kon meelopen, maar dat ik moest waarschuwen, dat ik moest overtuigen.

Een warm en hecht gezin waren wij daar in de Plantage in Amsterdam. Joods-orthodox. Niet star, wel consequent in die zin dat we ons strikt aan de Joodse geboden en gebruiken hielden, maar op een blijmoedige, ik zou bijna zeggen feestelijke wijze.

Het dierbaarste ogenblik in de week was de vrijdagavond als vader ons, een voor een, zegende. Nog voel ik zijn zachte handen op mijn haren en de intentie van zijn gepreveld gebed dat altijd hetzelfde eindigde met een krachtig 'God zegene en behoede je, amen.' Welk een lading hebben deze woorden in het licht van de tijd voor mij gekregen.

Joodse feestdagen waren hoogtepunten.
Voor het Loofhuttenfeest in de herfst werd op een platje dat verbonden was aan de badkamer op de vierde verdieping van ons huis een heuse loofhut gebouwd: een langwerpige kamer van hout en riet met een enorme tafel en rondom banken die plaats konden bieden aan wel drie families tegelijk.

De Polak kinderen

13

Daar werd de hele feestweek gegeten met een komen en gaan van gasten.

Voor Pésach, het Joodse paasfeest, werd er weken van tevoren gepoetst en geboend opdat geen kruimeltje brood in huis meer aanwezig zou zijn. We aten matzes in plaats van gewoon gerezen brood ter herinnering aan de uittocht van de Joden uit Egypte. Op seideravond werd volgens traditie over die uittocht verhaald. Dan zaten we met minstens twintig personen aan de feestelijk gedekte tafel, met het blauwe servies van porselein, dat maar eenmaal per jaar, met Pasen, werd gebruikt.

Al die herinneringen...

LIES

Terugkijkend op mijn leven, denk ik aan een fijne jeugd in het gezellige Amsterdam van de jaren dertig, waar altijd wel iets te beleven viel.

Wij woonden in de Plantage Kerklaan, vader, moeder en vier kinderen, schuin tegenover Artis. Ik was de jongste.

Mijn vader was een bijzondere man, altijd bekommerd om de minderbedeelden in die tijd van crisis. Hij was een knap accountant, maar rekeningen uitschrijven behoorde tot zijn zwakkere kant. 'De mensen hebben het al zo moeilijk,' placht hij te zeggen.

Gelukkig was mijn moeder een energieke, hardwerkende, intelligente vrouw. Ze had vader leren kennen toen hij bij haar les nam om het snelschrift 'Grote' onder de knie te krijgen. Daarnaast gaf zij handwerkles op mijn lagere school.

Wij werden zeer beschermd opgevoed in een typisch Joods-orthodox milieu. Die godvruchtige opvoeding is van grote invloed op mijn leven geweest. Ik herinner me een voorvalletje. Ik moet een jaar of zes geweest zijn toen ik iets had gedaan wat niet door de beugel kon. Vader riep me en vroeg of ik dat had gedaan.

'Nee,' zei ik, 'ik heb het niet gedaan.'

Heel rustig vroeg vader of ik met hem mee wilde gaan. Hij liep met me naar de hoek van de straat waar geen bomen stonden en zei toen: 'Kijk eens naar boven, naar God, en vertel me dan nog eens of jij dat gedaan hebt.'

Jokken tegen je vader is mogelijk, maar tegen het Opperwezen? Nee, dat ging te ver. Ik boog mijn hoofd en bekende:

'Vader, ik heb het gedaan.'

Iedere vrijdagmorgen kwam mijn grootmoeder, die vlak om de hoek op de Muidergracht woonde, om het sabbatmaal voor te bereiden. Ze was een kleine, grijze vrouw, onveranderlijk in het zwart gekleed. Op zwarte, hoge laarsjes, ondersteund door haar wandelstok van mahoniehout, was zij ondanks haar lengte een statige verschijning.

Ik vond het heerlijk als klein meisje naast haar aan de grote keukentafel te zitten en te kijken hoe ze, als gold het een ritueel, iedere vrijdag opnieuw eerst de gehaktballetjes voor de soep rolde, daarna de appeltaart en kugel bakte, terwijl de geur van de kippensoep die op een speciaal daarvoor gebruikt petroleumstel stond te trekken, langzaam de keuken vulde.

Ook de nabijheid van Artis heeft mijn jeugd gekleurd. Ieder vrij moment was ik er te vinden. De fameuse dr. Portielje gaf er boeiende excursies die we zelden oversloegen en in het weekend ging vader mee, al rijmpjes makend op de dieren die we tegenkwamen. Dat was een feest.

De jaren gingen voorbij. Eerst trouwde Jaap met een schattig meisje dat met haar moeder vanuit Rusland naar Nederland was gekomen. Maar zij pasten in het geheel niet bij elkaar. Toen ik haar later vroeg waarom ze dan toch met het huwelijk had ingestemd, antwoordde ze eenvoudig: 'Ik hield zoveel van je vader, dat ik het niet over mijn hart kon verkrijgen om hem teleur te stellen.'

Mijn oudste zusje Juul trouwde en kort daarop Betty ook. De tijden waren toen al heel zorgelijk. Het zwaard van Damocles hing ons boven het hoofd.

Betty en grootmoeder in Artis, 1930

BETTY

Als vanzelfsprekend waren wij lid van een jeugdbeweging, in ons geval van de Mizrachi, de orthodoxe tak van de zionistische beweging die streefde naar de oprichting van een eigen staat, waar de Joden vrij van vervolging zouden kunnen leven. Mijn vader was dadelijk bij de oprichting lid geworden. Er is een foto bewaard gebleven uit de jaren twintig, waarop mijn vader staat afgebeeld naast Chaim Weizmann, de grote voorstander van een aparte staat, toen deze Nederland bezocht. Onze vader, met Chaim Weizmann die later de eerste president van Israël zou worden! Dat wás wat.

Vader met Chaim Weizmann, later de eerste president van Israel.

Het zionisme was de beweging die de terugkeer van de Joden naar Palestina voor ogen had. Tegen het eind van de 19^e eeuw kreeg dit doel ook een politieke strekking: een publiek-rechtelijk gewaarborgd eigen tehuis. Sinds 1897 was het Theodor Herzl die tijdens zionistencongressen het denkbeeld propageerde voor kolonisatie op grote schaal. Als gevolg daarvan werd in 1901 het Joods Nationaal Fonds opgericht dat in toenemende mate land van de Arabieren aankocht. Dat dit zich steeds meer uitbreidende Joodse landbezit werd gewettigd, blijkt uit het feit dat in 1917 het politiek program van de zionisten gesteund werd door de verklaring van Balfour, waarbij de Engelse heersers een zelfstandige Joodse staat beloofden. 'Het beloofde land' was dus niet louter frase, maar een reële belofte.

Idealistisch als we waren, namen we aan van alles deel. De jeugdkampen in Garderen werden nooit overgeslagen. Wij leerden modern Hebreeuws, bestudeerden de bijbel, kregen intensief les over de geschiedenis van het Joodse volk en het heilige land. Kortom, ons leven was ervan vervuld en een logisch vervolg was dan ook de voorbereiding op een pionierstaak in Palestina dat toen nog onder Engels mandaat werd bestuurd. Daar zouden wij terdege voorbereid naartoe gaan om het gebied te helpen opbouwen.

In de zionistische jeugdbeweging zaten nogal wat mensen die, voor zover zij niet in de oorlog werden omgebracht, later belangrijke functies zouden gaan vervullen. Ik had er een boeiende tijd, waarin ik veel opstak van de interessante discussies en voor een aanzienlijk deel mijn culturele vorming heb ondergaan. In die kring leerde ik ook Philip kennen die economie

studeerde aan de Universiteit van Amsterdam. Afgezien van zijn belangstelling voor economie en politiek was het vooral zijn liefde voor de natuur die mij in hem aansprak.

Hoewel ik, uit respect voor mijn vader, het diploma voor het geven van Joods godsdienstonderwijs behaalde, begon mijn orthodoxe instelling af te brokkelen.

Philip (Flip) als student,
ca. 1939

18

Betty en Lies op weg naar een zomerkamp 1937

19

Tijdens een Mizrachi zomerkamp in Oosterbeek, ca. 1937. Van links naar rechts: Benno Gitter, Betty, Liesje, Bram Pais en Jaap

Ter voorbereiding van het pionierschap in Palestina kwam ik voor mijn huishoudelijke scholing terecht in een kinderrijk gezin waar ik me totaal niet op mijn plaats voelde. Daarom was ik overgelukkig toen ik kon overstappen naar een opleiding bij een tuinbouwbedrijf, buiten in de natuur. Mijn verloofde, Philip, gaf zijn doctoraalstudie op om op een boerderij te gaan werken. Naïef als wij toen nog waren, overheerste de gedachte dat intellectuelen in het op te bouwen land van weinig nut waren. Ons werd voorgehouden dat men daar in de allereerste plaats mensen nodig had die een vak beheersten en de handen uit de mouwen konden steken.

Ik leidde een leven vol contrasten. Zo reisde ik eenmaal in de week vanuit Eemnes, waar ik werkte, naar Amsterdam. Ik verwisselde mijn tuinbroek voor een wijnrode fluwelen avondjurk en vulde mijn tekort aan cultuur in het Concertgebouw aan. De volgende ochtend om klokslag zes uur zat ik weer op het melkkrukje te melken, mijn hoofd tegen een warm koeienlijf gevleid, terwijl de noten in me nazongen.

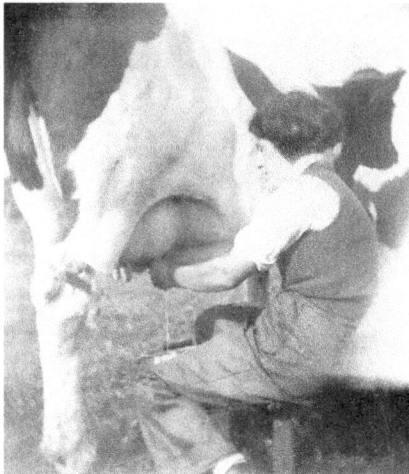

Betty, Eemnes, 1939

LIES

Al even idealistisch wilde ook ik me voorbereiden om een tehuis voor het Joodse volk te helpen opbouwen. De vakkennis die daarvoor nodig was, werd verkregen in een opleiding die Hachshara genoemd werd. Die was vooral gericht op het boerenbedrijf, op tuinieren en op alle beroepen die bij het bouwvak van pas komen.

Ik had mijn middelbare school in 1940, toen Nederland al bezet was, afgerond. Studeren echter werd voor Joden steeds moeilijker gemaakt en daarom ging ik op aandringen van mijn vader op een accountantskantoor werken. Maar al spoedig besloot ik over te gaan naar de Hachshara en zo kwam ik terecht in de Sloterpolder bij Amsterdam in de tuinderij van de familie Van der Weide. Iedere dag fietste ik de ruim acht kilometer lange weg van de Plantage naar de polder en vice versa.

Lies naast vader van der Weide, 1941

Toen de maatregelen tegen de Joden steeds stringenter werden, moest ik mijn fiets inleveren en legde ik de afstand te voet af. Inmiddels was ook verordend dat Joden duidelijk zichtbaar een grote gele ster met daarop het woord 'Jood' moesten dragen. Zo wandelde ik dus iedere dag anderhalf uur heen, anderhalf uur terug, met mijn ster op mijn jas.

Misschien dat ik door alles wat daarna zou komen, mijn tijd in de Sloterpolder idealiseer. Per slot van rekening werkte ik daar met een doel: uit de greep van de bezetter blijven die de Joden steeds meer isoleerde en naar Palestina emigreren.

Maar in mijn herinnering was het een heerlijke tijd, vooral door de buitengewone hartelijkheid waarmee het gezin Van der Weide, waarvan ook de drie zonen na hun schooltijd in de tuin meewerkten, mij heeft omringd. Er waren meerdere bedrijven in de omgeving en iedereen kende iedereen; Jood of geen Jood, het deed er niet toe.

Toen het dochtertje Julia was geboren, werd ik uitgenodigd voor haar feestelijke doop. Dat was de eerste keer in mijn leven dat ik een kerk betrad.

Jaren na de oorlog bezocht ik de Sloterpolder opnieuw. Die bleek niet meer te bestaan. Ik trof er alleen maar flats en onpersoonlijke gebouwen aan.

BETTY

Mijn verloofde Philip, hij was reserveofficier bij de infanterie, was al in april 1939 in actieve dienst opgeroepen om als commandant van het grenswachtdetachement Dinxperlo en omstreken te fungeren. Dinxperlo is een dorpje in het oosten van het land tegen de grens met Duitsland aan. Er viel daar niets te beleven.

Omdat wij elkaar misten, trouwden we nog in hetzelfde jaar heel traditioneel in de Grote Nieuwe Synagoge in Amsterdam. Het was een grootse bruiloft met Philip in zijn gala-uniform, ik als bedeesde bruid met sluier, maar de huwelijksreis stelde weinig voor.

Omdat Philip vanwege zijn militaire paraatheid niet naar het buitenland mocht reizen, brachten we drie armzalige dagen in Den Haag door.

Eenmaal weer terug bij de grens had Philip tenminste nog een invulling van de dag met zijn troepen, maar ik verveelde me stierlijk in de twee gehuurde kamers in het uitgestorven gehucht Breedenbroek, dicht bij Dinxperlo, ook al namen we schermlessen en wandelden we veel in het prachtige bosgebied dat ons omringde.

Ik was nog maar twintig jaar, brui-
send van energie, weggerukt uit het
drukbezette, vrolijke leven in Amsterdam met mijn familie en vrienden. Ik besloot om te leren paardrij-
den, net als Philip die dat als militair
op kosten van de staat deed.

Het leven in Dinxperlo heeft niet
lang geduurd.
Eind april 1940 namen de spanningen rondom de grens toe en begin
mei werden Philip en zijn manschappen bij de Grebbeberg ingezet.

BEZET NEDERLAND

BETTY

Toen kwam die prachtige, zonnige lentedag met een strak-
blauwe lucht, met overal jong leven, de wereld in bloei: die
10e mei waarop de oorlog met Duitsland uitbrak.
Vijf dagen later was het afgelopen. Philip leefde. Op 15 juni
werd hij gedemobiliseerd. Het stond voor hem als Jood niet
ter discussie of hij zich zou melden als krijgsgevangene en in
die positie onder bescherming van de Conventie van Genève
zou staan. Voor hem waren er slechts twee mogelijkheden: of
vluchten naar Engeland, of onderduiken.

'Zie je dat het allemaal best meevalt?' zeiden de mensen in het begin van de bezetting.
Het was waar, de Duitsers gedroegen zich correct, maar de

maatregelen tegen Joden waren er vrijwel van meet af aan, alleen nauwelijks bespeurbaar. Sluipenderwijs volgde de ene verordening de andere op, die ons beroofde van onze goederen, van onze eigenwaarde, van onze vrijheid, teneinde ons ten slotte te kunnen beroven van ons leven. Elders.

De maatregelen 'voor Joden verboden,' zoals winkels waar je niet meer mocht kopen, sportcomplexen, zwembaden en parken die je moest mijden, het kwellende na acht uur 's avonds binnen moeten blijven, ach, ze waren een regelrechte aanslag op mijn vrijheidslievende gemoed.
Het moment dat de Joden zich als Jood moesten laten registreren, brak aan. Voor mij stond vast dat ik dit niet zou doen. Registratie betekende niets anders dan de bezetters in de kaart spelen: wie je was, waar je woonde en ga zo maar voort. Philip dacht daar anders over en met hem zovele anderen. Hij vond dat je als Jood het geloof niet verloochenen mocht en dat je moest uitkomen voor je identiteit. Maar ik doorzag de versluierende benaming van 'Ariërverklaring' die in wezen een Jodenverklaring was; het ging om de registratie van het Nederlandse Jodendom en dat had een doel! Daarom werd ik in die tijd al slechts door één vraag beheerst: hoe ontkom ik aan de Duitsers? Daaraan werd alles ondergeschikt gemaakt. Dus niet laten registreren, geen fiets inleveren, de radio verstoppen, geen ster dragen. Juist niet, waar mogelijk, ingaan op hun eisen.

Het centrum van de Hachsjara, de organisatie die pioniers opleidde om naar Palestina te gaan, was in Deventer gevestigd. Ru Cohen en zijn vrouw Eef waren de enthousiaste leiders van de opleiding. Aan de Oude Markt in een kostelijk oud huis vonden wij inwoning bij een dansleraar. Aanvankelijk werkte Philip op het bureau van Ru Cohen en zelf vond ik een plaats op het tuinbouwbedrijf De Ziele in Twello waar ik iedere dag vanuit Deventer naartoe fietste. Ik voelde me bevoorrecht, want ook al moest ik als een knecht meewerken, de eigenaar, Janssen, gaf me een schat aan informatie over land- en tuinbouw en spoorde voortdurend aan door zelfstudie onze kennis uit te breiden. Ik heb toen niet kunnen vermoeden hoezeer mij dat alles me in mijn latere beroep van pas zou komen.

Op een dag werd ik aangereden en brak mijn enkel. Zes weken moest ik in het gips. Maar ik werd in het huis van de broer van Ru Cohen liefderijk opgenomen. Daar ontstond een innige vriendschap met Trude Cohen[1] en haar moeder Hede.

Zij, noch de zoon Ernst, de latere verloofde van mijn zusje Lies, zouden de oorlog overleven. Alleen het jongste kind, Ruth Cohen, bleef over.

LIES

September 1942, Amsterdam

Het was Jom Kippoer, onze Grote Verzoendag. Na zonsondergang de avond tevoren vangt deze heiligste dag van het Joodse jaar aan. Het is een dag van gebed, van wijding aan God, een dag van vergiffenis vragen en schenken, een dag van verzoening en verzoend geraken.

Wij gingen naar de synagoge van de jeugdbeweging Zichron Jaacov waar overwegend jongeren kwamen, mensen met hoop voor de toekomst, mensen met de blik gericht naar Palestina. Krachtige, opbouwende mensen. Iedere sabbat en op de feestdagen heerste daar een prettige sfeer, waar jongere mannen voorgingen in de dienst en in het gezang.

Maar op die bewuste Jom Kippoer lag over alles een waas van neerslachtigheid, van angstigheid. Anders dan in voorgaande jaren was men, diep in gedachten en in gebed verzonken, niet met iemand, maar met iedereen bezig. Vanaf juli was de jacht op de Joden begonnen. Hoe velen hadden al niet moeten gaan. Voelden wij allen, ergens diep in ons hart verborgen, dat dit onze laatste Verzoendag zou worden?

Die hele dag waren wij in de synagoge. Wij probeerden troost te vinden in de prachtige stem van David, de voorzanger van het ochtendgebed. Wij probeerden hoop te putten uit het middaggebed van Emile die zich rechtstreeks vanuit het hart tot God wendde: 'Vergeef ons onze misstappen, doe gerechtigheid en help ons,' de sleutelwoorden van Jom Kippoer.

En wij zeiden tot onszelf: 'Het is toch niet mogelijk dat onze gebeden niet verhoord worden?'

Gewoonlijk was er een korte pauze tussen het middag- en het avondgebed. Nu niet.

Omdat we vreesden dat ook op deze zo gewijde dag de Duitsers 's avonds onze huizen zouden molesteren en binnenvallen, hadden de voorzitters van de Joodse Raad de bezetter verzocht, de invallen bij uitzondering een keer over te slaan. Of dit verzoek zou worden ingewilligd, zouden we in de loop van de middag horen. Zo niet, dan moest de dienst natuurlijk eerder eindigen.

Toen het middaggebed bijna ten einde was, kwam er iemand stilletjes binnen, fluisterde even met Max, de voorzanger van het avondgebed en verdween. De spanning was om te snijden.

Toen Emile zijn laatste woorden uitsprak en Max zonder overgang het avondgebed inzette, begrepen wij dat ons bescheiden verzoek, slechts voor één avond van deportatie vrijgesteld te zijn, was afgewezen.

Max was de oudste van de voorzangers, getrouwd en vader van twee kleine kinderen. De vergevingsgezindheid in zijn avond- en slotgebed juist op dát onverzoenbare moment uitgesproken, zal mij altijd bijblijven.

Wij waren de toekomst, maar er ontbraken al zo velen van ons. Waar waren zij? Wat was er met hen gebeurd?

'Open voor ons de poort, als U de poort sluit,' zeiden wij. We waren nog zo jong en we waren al zo oud.

'Heer,' zei ik in mezelf, 'ik wil zo graag leven, we willen allemaal zo graag leven. Help me dan toch, help ons allen dan toch!'

Met het blazen op de ramshoorn werd die laatste Grote Verzoendag besloten. Daarna viel er een beklemmende stilte. We wensten elkaar *'Gemar chatiema tova'* toe, "dat God ons ten goede mag opschrijven", en haastten ons naar huis. Naar het luchtledig.

Heeft God mijn gebed verhoord? Ik ben gered. Ik leef. Waarom ik? Was míjn gebed dan zo verschillend van dat van David, van dat van Emile, van dat van Max en van alle anderen die niet terugkeerden? Zou alleen God dat weten?

BETTY

In de tijd dat ik in De Ziele werkte, meldde ik mij als leerlinge aan op de Fruitteeltschool in Terwolde. In meer dan in één opzicht werd ik daar als uitzondering aangenomen. Ten eerste als eerste vrouwelijke leerling, ten tweede zonder te voldoen aan de officiële toelatingseisen die vijf jaar tuinbouwpraktijk en een diploma van de Tuinbouwschool inhielden en, ten slotte, als Jodin.

De directeur, Honig, heeft in de tijd dat ik zijn school bezocht tot driemaal toe de oekaze van regeringswege naast zich neergelegd, waarin hem werd bevolen mij van zijn school te verwijderen omdat ik Joods was. Het lukte hem dit uit te stellen tot vlak voor mijn eindexamen. Toen werd de situatie echter zo bedreigend voor hem dat hij mij wel wegsturen móést.

Ten afscheid zei hij: 'Spoedig zal de dag komen, waarop ik je persoonlijk het diploma zal overhandigen.'

Waren er maar veel meer van dit soort medeburgers geweest.

Vanaf het moment dat de oorlog uitbrak was het niet meer mogelijk naar Palestina te vluchten, ook al lag er een certificaat in Engeland voor ons klaar.
De Engelsen, die het mandaat over Palestina voerden, hadden onder druk van de Arabieren een quotum vastgesteld. Dat betekende niets anders dan dat de poorten van Palestina werden dichtgegooid op het moment van de allerhoogste nood.
Wij probeerden, met hulp van bevriende militairen in de herfst van 1940 vanaf de Nederlandse kust met een boot naar Engeland over te steken. Het mislukte. Eind 1940 waagden we opnieuw een poging, maar ook die werd verijdeld.

De jongere broer van Philip, Dries, had een vluchtroute uitgewerkt om via België, Frankrijk, Spanje en Portugal naar Engeland te ontkomen. Het gelukte hem inderdaad langs die weg Engeland te bereiken, waar hij al spoedig werd opgeleid tot piloot bij de Royal Air Force.

Maar voor ons was een dergelijke ontsnapping niet weggelegd. Uiteindelijk begonnen wij onze onderduik serieus voor te bereiden, want over één ding waren we het helemaal eens: we zouden ons niet weg laten slepen!
Wel besloten we zolang mogelijk met onderduiken te wachten; het had zulke immens ingrijpende consequenties. Het betekende dat we radicaal met familie en vrienden zouden moeten breken om maar niet met hen geïdentificeerd te worden, dat we een nieuwe identiteit moesten aannemen en, het ergste van alles, van elkaar gescheiden zouden moeten gaan leven, zonder dat te voorzien was hoe lang dat alles ging duren.

Philip, die er uitgesproken Joods uitzag, moest een plaats zien te vinden waar hij min of meer in het verborgene kon leven. Voor mij kon werk worden gezocht met inwoning, zonder dat men zou vermoeden wie ik in werkelijkheid was: Betty Polak, een Joods meisje.

Vooralsnog verhuisden we van de stad Deventer, waar we vanaf april 1942 gedwongen waren een gele ster te dragen, naar het stille Apeldoorn. In een achteraf gelegen woning huurden we een kamer. In de Joodse psychiatrische inrichting Het Apeldoornsche Bos vonden we werk als tuinlieden en ook al verdienden we maar een schamel loon, we konden er alle maaltijden gebruiken en, indien nodig, medische verzorging krijgen.

Toen Joden niet meer bij niet-Joden mochten wonen, konden we onze intrek nemen in het grote huis van de familie Querido dat op het terrein van de psychiatrische inrichting stond. Dr. Arie Querido, een destijds bekend psychiater in Amsterdam, was daar als Jood uit zijn ambt ontslagen. In Het Apeldoornsche Bos had hij nieuw emplooi als arts gevonden.

Philip en Betty pauzeren in het "Apeldoornsche Bosch", zomer 1942

Zijn niet-Joodse vrouw was kinderpsychiater buiten de inrichting en veel van huis. Daarom bood ik als tegenprestatie aan, om met behulp van enige patiënten, het huis schoon te houden. Het was een hele ervaring apart, te werken met geestelijk misdeelden. Het vroeg veel van mijn mededogen en heel veel van mijn geduld.

Zelf leefden we eigenlijk heel rustig binnen die grote inrichting met zijn uitgestrekte groentetuinen, bloementuinen en imkerij, in het huis van een gemengd gehuwd echtpaar.

In de grote toneelzaal werden allerhande voorstellingen gegeven en voordrachten gehouden, maar het absolute toppunt van gelukzaligheid was voor mij als de patiënt Misha Hillesum, de jongere broer van de later zo bekend geworden schrijfster over het kamp Westerbork, Etty Hillesum, er een pianoconcert speelde. Hoe vaak ben ik tijdens mijn werk in de tuin niet stilletjes naar de zaal geslopen waar een frêle figuur, helemaal alleen op het grote podium, volledig in zichzelf teruggetrokken, contact met het goddelijke maakte. Ook dat genie dat zo onvergankelijk hemels speelde, zou vergaan in de ovens van Auschwitz.

Ondanks de altijd aanwezige spanning en alertheid kijk ik op die periode terug als een van de meer plezierige tijdens de bezetting. Maar het mocht niet voortduren.

Toen de *Befehlshaber* van de *Sicherheitspolizei* uit Amsterdam, Aus der Fünten, persoonlijk de ontruiming kwam voorbereiden, begrepen we dat we ons zo spoedig mogelijk uit de voeten moesten zien te maken.

Dr. Querido, die Aus der Fünten over het gehele terrein moest rondleiden, liet niet na nadien degenen die tot vluchten in staat waren te waarschuwen voor wat er onherroepelijk te gebeuren stond.

Hoe diep roerend is het, dat het merendeel van het verplegend personeel de gebeurtenissen mét hun patiënten heeft afgewacht: zij konden de mensen die aan hun zorg waren toevertrouwd onmogelijk aan hun lot overlaten.

In januari 1943 was de tijd aangebroken om halsoverkop te vertrekken. Ellenlange goederentreinen waren aangekomen op het emplacement van Apeldoorn.

Een massadeportatie ging beginnen. Kort na ons vertrek, omstreeks zes uur 's avonds, is die onmenselijke ontruiming van de inrichting begonnen. Alle, maar dan ook alle bewoners, zwaar zieken, schizofrenen, kinderen, verpleegkundigen, artsen, keukenpersoneel, toevallige bezoekers, ja wie niet, zijn weggesleept naar open vrachtwagens in de ijskoude winternacht. Dit alles gebeurde onder meer met de gulle medewerking van NEDERLANDSE politiemannen die de ongelukkigen ook de beestenwagens van de treinstellen hebben ingejaagd.

Vanuit Apeldoorn ging het daarna maar één richting op: omwille van de *Arbeitseinsatz*, linea recta naar de vernietigingskampen.

LIES

Het was gevaarlijk om met de opzichtige, gele 'Jodenster' op mijn kleren genaaid, over straat te lopen. De ster liet immers zien dat wij 'anders' waren dan andere mensen. Ik besefte maar al te goed dat mijn vrijheid niet lang meer zou duren. Ik was bang.

Dat waren mijn ouders ook. Door de steeds veelvuldiger gehouden razzia's, de jacht op Joden in Amsterdam, werden ze steeds ongeruster over mijn dagelijkse voettocht naar Sloten waar ik mijn opleiding volgde.

33

Nadat ik die had opgezegd, kon ik vrijwel direct als leerling-verpleegster aan de slag in het Nederlands Israëlitisch Ziekenhuis, vlak bij mijn ouderlijk huis.

Het was nooit ook maar een fractie van een seconde bij me opgekomen om verpleegster te worden. Ook in de familie was er niemand die dat dienende beroep had uitgeoefend. Maar wat moet je, als er geen andere keuze meer over is en studeren je onmogelijk was gemaakt?

Deze speling van het lot echter is wel het begin geweest van een lange, geslaagde carrière als verpleegkundige.

Na een drukke dag op de ziekenhuisafdeling waar ik werkte, was ik blij toen ik om vier uur 's middags vrij was en alle tijd had om weer eens rustig bij mijn ouders te zijn. Ik hoefde pas de volgende dag voor de avonddienst aan te treden.

Alleen al bij de gedachte een nacht in mijn eigen bed te kunnen slapen, deed me haast maken om naar huis te gaan. We woonden niet ver van het ziekenhuis vandaan.

Ik was moe. Vooral de nachtdiensten waren heel zwaar en ik verlangde er intens naar thuis bij vader en moeder te zijn en nieuwe krachten te verzamelen voor de volgende avond.

Die moeheid kwam niet alleen door het werk, maar vooral door de constante druk waaronder wij moesten leven. Geen minuut ging voorbij zonder dat wij ons bewust waren van de toestand waarin wij, met ieders medeweten in Amsterdam, in een totaal isolement gebracht waren. Soms was de spanning niet meer te dragen. Na acht uur 's avonds mocht niemand zich meer op straat vertonen. Dat betekende verlaten straten, een angstig drukkende stilte en nooit te weten wat je die avond te wachten stond. Iedere dag opnieuw als eerste gedachte: wat hebben de Duitsers deze avond voor ons op hun programma staan? Wie eisen ze vanavond als hun slachtoffer op?

34

Vader en moeder omhelsden me liefdevol. Ik was hun enige, nog ongetrouwde, jongste kind. We gingen aan tafel. We spraken over mijn broer en zusters en ik zag de zorg om hen in de ogen van mijn ouders geëtst.

'Ach,' zei ik nog, 'alles zal wel goed komen.'

Enkele minuten later hoorden we plotseling buiten een vreselijk lawaai: geschreeuw van Duitsers en de stappen van hun zware laarzen. Direct daarop een harde bel aan de voordeur.

Het moment dat we zo gevreesd hadden, was aangebroken. We wisten – nu zijn wij aan de beurt.

Ik zei geen woord, maar wees met mijn vinger naar boven, ten teken dat ik naar de eerste verdieping zou vluchten. Moeder begreep het meteen.

Zo snel als ik kon ging ik de trappen op naar boven en verstopte me in een grote, diepe klerenkast. Van buiten was het niet te zien hoe lang en hoe breed die in werkelijkheid was. Als je hem ontsloot, zag je louter kleren. Ineengedoken hurkte ik in het uiterste hoekje neer.

Is dit het einde? dacht ik. Zullen ze mij nu toch te pakken krijgen? Wat zal er nu verder met mij gaan gebeuren?

Het was aardedonker in die kast. Ik kon niets horen en met moeite ademen. Hoe lang ik daar zat, helemaal in elkaar gedoken? Ik weet het niet.

Ondertussen doorzochten de Duitsers het huis. Ze vroegen of er nog meer mensen in het huis woonden en toen vader en moeder dat ontkennend beantwoordden, werden ze niet geloofd. Eerst werd alles beneden doorzocht en vervolgens de eerste verdieping. Ze naderden de klerenkast, openden de deur en beschenen met een enorme stralenbundel de inhoud. Ik zat als versteend in mijn hoekje en bad tot God dat Hij me redden zou.

De lichtbundel kwam in mijn richting, ging op en neer over mij heen en dan weer verder. Het duurde slechts enkele seconden, maar voor mij was het een eeuwigheid.

Zij hebben mij niet gevonden.

Moeder kwam naar boven en opende de deur.

    'Je kunt eruit komen,' zei ze moeizaam.

    'Vader?,' vroeg ik.

    'Ze hebben hem meegenomen.'

BETTY

In die helse januarinacht, terwijl we ons vertwijfeld afvroegen welke verschrikkelijke taferelen zich in Apeldoorn aan het afspelen waren, zwierven Philip en ik met niet meer dan een tas als enig bezit door de donkere bossen. We hadden ons vluchtplan goed voorbereid.

Uiteindelijk vonden we de eenzame boerderij waar we, zoals was afgesproken, een paar uur mochten blijven tot we na het aanbreken van de dag met onze valse persoonsbewijzen in de trein naar Laren konden stappen. Daar hadden Philips ouders op de Engweg gewoond, totdat hun buitenhuis, direct bij het uitbreken van de oorlog al, door NSB'ers gevorderd was.

In Laren konden we vertrouwen op de hulp van bevriende relaties. Onze valse persoonsbewijzen gaven ons een geheel nieuwe identiteit. Het mijne stond op naam van Jo Musch, dat van Philip op Philip van Andel. Wie waren wij zélf nog? Nee, niet een ander. Wij waren mensen geworden die er helemaal niet mochten zijn, die niet bestonden en toch een naam droegen. Dát waren wij zelf, voortaan.

Van Philip van Andel had Jo Musch nog nooit gehoord, noch Philip van Andel van Jo Musch.

Aangekomen in Hilversum stond een 'relatie' klaar met twee fietsen waarop we, ieder afzonderlijk, naar Laren reden. Dat was ons afscheid als echtpaar. Vanaf dat moment moesten wij in aanwezigheid van onbekende mensen vreemden zijn voor elkaar.

Philip werd min of meer permanent gehuisvest op een adres waar hij een schemerbestaan zou leiden. Hij mocht niet meer buitenkomen.

Werk vinden voor mij was geen enkel probleem, wel het telkens opnieuw zoeken van een min of meer veilige plaats en liefst natuurlijk zo dicht mogelijk in de buurt van Philip.

Vanaf het moment van mijn naamsverandering tot aan de bevrijding, en dat was ruim twee en een half jaar, verkaste ik minstens twintig keer. Mijn langste verblijf is drie maanden op een en hetzelfde adres geweest. Daarom heb ik helaas nooit mogen ervaren of ik ergens een succes ben geweest als boerenmeid, als kinderverzorgster, als huishoudster, als schoonmaakster, als babyverzorgster, als hulpje van bejaarden, als dienstbode, noch als sociaal werkster. Ik ben altijd dol op toneel geweest en het beetje talent dat ik mezelf toebedacht, paste ik toe op alle 'rollen' die ik tijdens de onderduiktijd te spelen kreeg.

Voor het overige perfectioneerde ik mijn Duits, want bij aanhouding was me gebleken dat het van levensreddend belang kon zijn, die taal te beheersen. Tweemaal is het Jo Musch overkomen dat haar, bij een controle waar zij weer eens haar beste Duits ten gehore bracht, een baantje op de *Commandatur* werd aangeboden.

'Ik heb al een baan,' riep zij overtuigend uit. De Betty in haar glimlachte.

De enige plaats waar ik mij kon wassen op de boerderij waar ik op een gegeven ogenblik werk vond, was op de deel. Hoe stilletjes ik daar ook naartoe sloop, nooit kon ik voor de boer onbespied blijven. Toen zijn avances steeds opdringeriger werden, was het weer tijd een andere werkgever te zoeken. Die vond ik op een boerenbedrijf nabij Twello, maar ook hier bleek de boer al spoedig een dubieuze toenadering tot zijn nieuwe melkmeid te wensen. Hij kwam blijkbaar tekort bij de boerin, die in verwachting van een tweeling was. Dat ik hem in mijn onschuld vertelde dat ik een getrouwde vrouw was wier man in krijgsgevangenschap leefde, maakte hem alleen maar opgewondener. Toen hij schreeuwde: 'Nou, dan kén je wel wat, laat es zien,' wist ik, na een luttele week van verblijf, dat ik opnieuw verder zou moeten trekken.

Amsterdam, de stad waar men het Jodendom van heel Nederland geconcentreerd had, ter wille van de overzichtelijkheid bij de afvoer naar het concentratiekamp in Westerbork op de Drentse hei, was nou niet bepaald de plaats waar een Joods meisje in 1943 haar domicilie zou zoeken. Toch aarzelde ik geen moment om naar Amsterdam terug te keren, toen daar een plaats vrijkwam voor een leidster in een katholiek kindertehuis in de Johannes Verhulststraat. Alleen de directrice, zij was de moeder van de bekende stadhuisfotograaf Colson, die overal connecties had en daardoor veel voor onderduikers kon doen, was op de hoogte van mijn achtergrond. Verder niemand.

Helaas was zij enige dagen afwezig toen ik me bij het kindertehuis meldde. Daardoor kon het, tot mijn afgrijselijke schrik, gebeuren, dat mijn eerste opdracht was om een aantal kinderen naar een speciale school aan de Doklaan per tram weg te brengen. De Doklaan, in de buurt waar ik geboren en getogen ben, waar iedereen me kon herkennen, vlakbij het huis waar mijn ouders, toen nog, woonden.

'Dat doe ik niet,' riep ik in mijn beste Deventerse accent, ' dat doe ik niet! Voor het eerst van mijn leven in deze gevaarlijke stad, met vijf achterlijke kinderen in een tram.

Daarover moet eerst maar de directrice beslissen!'

In het tehuis waren kinderen van alle gezindten, ook Joodse kinderen bleken er ondergedoken te zijn. Zelf was ik, door de directrice persoonlijk opgenomen, wijselijk juist aan de katholieke kinderen toegewezen. Maar dat hield wel in dat ik minstens drie maal per dag met die kinderen moest bidden en op de zondag een schare van zo'n twintig jongeren naar de kerk moest begeleiden. Hoe redt een Joods meisje dat nog nooit een kerk van binnen heeft gezien, zich daaruit?

Mijn oplossing was simpel. In een buurtwinkeltje waar godsdienstige gebruiksvoorwerpen werden verkocht, keek ik rond. Ik vertelde over mijn verkering met een katholieke jongen en over mijn zorgen hoe ik, protestants meisje, op zondag met hem ter kerke zou moeten gaan. Op alles voorbereid stapte ik ten slotte de winkel uit, met de catechismus nog nadreunend in mijn hoofd en een missaal, een handboek over de katholieke erediensten en een rozenkrans in mijn handen.

Het was een dankbare taak om kinderen die allemaal van hun ouders en familie gescheiden waren, zo liefhebbend en begripvol mogelijk op te vangen.

Toch werd het ook daar te gevaarlijk. Ik, Jo Musch, werd het ongewilde mikpunt van een populair rijmpje dat, nog voor het tafelgebed, luidkeels werd gezongen:

‘Juffrouw Jootje, is geen Joodje, juffrouw Jootje, is geen Jood.'

Bij het afscheid gaf een twaalfjarige jongen, die mij ontzettend dierbaar was geworden, mij een zilveren rozenkrans ten geschenke; het mooiste wat hij bezat.

Nog steeds als Jo Musch dook ik onder als babyverzorgster in het boeiende gezin van de familie Althoff in hun ruime bovenwoning aan de Stadhouderskade. Zij hadden de zolderverdieping tot schuilruimte voor onderduikers ingericht en toen ik er kwam, woonde daar een jong, Joods echtpaar, beiden bekende musici, met een klein kindje. Wij waren niet de enigen die er gastvrij waren opgenomen; een bonte rij van artiesten, in hun bestaan belaagd, trok aan dat huis voorbij.

De Althoffs hielpen zonder ooit een tegenprestatie te vragen. Als verzorgster van hun baby en hulp in de huishouding ontving ik zelfs maandelijks het voor die tijd genereuze salaris van dertig gulden.

De stemming in huis was bij mijn aankomst somber. Enige tijd tevoren was de broer van Eduard Althoff, de journalist Lex Althoff, een van de medeoprichters van het illegale blad *Het Parool*, doodgeschoten en nog onlangs waren in het Weteringplantsoen waarop wij uitkeken 95 mensen gefusilleerd.

Ik vermeed het zo veel mogelijk om naar buiten te gaan, uit angst om bekenden te ontmoeten, die, ook al was het me niet aan te zien, wisten dat ik Joods was. 's Avonds na achten als het 'spertijd' was en het aan Joden verboden was de straat op te gaan, durfde ik het wel. Het lukte me om voor onderduikplaatsen en vervalste papieren te zorgen voor mijn broer Jaap en zijn vrouw. Op een avond belde ik aan bij hun woning in Oud Zuid. Twee strakke, lijkbleke gezichten met grote schrikogen staarden me aan. Bezoek na acht uur kon voor Joden alleen maar betekenen dat er onraad dreigde: dat de Duitsers op de stoep stonden, om je te komen halen.

Ik probeerde ze ervan te doordringen dat onderduiken de enige overgebleven keuze was.

'We willen niemand tot last zijn,' bleven ze volhouden, 'we zijn jong en sterk. We weten heus wel dat we hard zullen moeten werken in die arbeidskampen in Duitsland. Maar de oorlog duurt zo lang niet meer.'

Moedeloos verliet ik hun huis. Waarom toch kon ik er niemand van overtuigen dat het doel van de nazi's de algehele vernietiging van het Jodendom was?

LIES

Voordat zij naar het oosten werden gedeporteerd, bracht men de opgepakte Joden in Amsterdam naar een verzamelpunt, de Hollandse Schouwburg. Daar was ook mijn vader terechtgekomen, maar door invloedrijke vrienden werd hij eruit gehaald en na twee dagen was hij weer thuis.

Het geluk duurde niet lang. Een half jaar later zijn én mijn vader én mijn moeder weggehaald en direct doorgestuurd naar het hermetisch van de buitenwereld afgesloten concentratiekamp in het oosten van het land, dicht bij de Duitse grens: Kamp Westerbork. Ik had mijn ouderlijk huis verloren, er was geen 'thuis' meer.

In een zusterwoning op het ziekenhuiscomplex wilde men mij wel huisvesting bieden. Ik was inmiddels tweedejaars leerling-verpleegster.

13 augustus 1943

Die begon voor mij met een serene, zonnige zomermorgen met alle tijd van de wereld, omdat ik pas om tien uur aan mijn ochtenddienst zou beginnen. Maar de rust duurde niet lang. Klokslag acht uur reden met veel vertoon grote vrachtwagens de gracht op. Eén voor één stelden zij zich voor het Israëlitisch Ziekenhuis in gelid op. Het volgende ogenblik was het gebouwencomplex geheel omsingeld met Duitse soldaten die vervolgens schreeuwend en tierend naar binnen dromden. Ze kwamen het ziekenhuis ontruimen. Al het personeel, de hele medische staf en alle zieken werden, zonder enige uitzondering, naar de vrachtwagens gesleept. Omdat mijn dienst nog niet was begonnen, vroeg niemand mij om te helpen bij het overbrengen van de slachtoffers van hun bed naar de wagens. Bij de aanblik daarvan stond het voor mij onmiddellijk vast:

'Mij zullen ze niet krijgen. Ik moet vluchten.'

Maar hoe?

Het was onmogelijk om het ziekenhuis te verlaten. Daarom ging ik van kamer naar kamer, van afdeling naar afdeling, van verdieping naar verdieping, speurend naar een schuilplaats waar ik mij kon verstoppen, tot er een kans zou zijn om het gebouw uit te komen. Voorwendend met patiënten bezig te zijn, dwaalde ik wanhopig door het grote gebouw te midden van de meest verschrikkelijke taferelen van niet-begrijpende zieken die zonder meer van hun bedden werden gelicht, van verbijsterde artsen en verplegers die, onmachtig iets te doen, handenwringend door elkaar renden en, boven die chaos van angstig kermende, schreeuwende, duwende mensen uit, het krijsen van de Duitse SS'ers.

Plotseling bevond ik mij op de zolder. Het was stil om mij heen en ik kreeg weer hoop mij te kunnen verschuilen en deze verschrikking te overleven. Maar ik was er niet alleen.

De architect van het ziekenhuis had zich, samen met zijn drie kinderen, al op de vliering verschanst. Mijn eerste gedachte was dat iemand die het gebouw ontworpen had en ieder hoekje en gaatje kende, wel weten zou waar men het veiligst was. Ik sloot me bij hen aan.

Meneer B. vertelde me dat hij geheel overvallen was door de gebeurtenissen toen hij, onderweg om zijn kinderen naar school te brengen, nog even bij het ziekenhuis aanwipte.

Muisstil zaten ze tegen elkaar aangedrukt, die kindertjes van acht, van zes en van vijf jaar oud, terwijl ze luisterden naar het gebrul van de motoren van vertrekkende vrachtwagens met hun gillende, huilende lading. Ik weet niet waar ik opeens de euvele moed vandaan haalde, maar toen ik naar die bange, verkrampte snoetjes keek, stortte ik me opnieuw in de verwarring op de derde verdieping en nam uit de keuken een zak beschuiten weg en wat lege bussen waarin die arme, onschuldige kinderen hun behoefte konden doen.

Het duurde heel lang voordat het geluid van de laatste vracht-wagen wegstierf. In het ziekenhuis, waarin normaliter 24 uur per dag een grote bedrijvigheid heerste, kon je een speld horen vallen. Het begon al te schemeren, maar toch durfden we het nog niet aan om weg te slippen. Plotseling hoorden we voetstappen en een harde stem die in het Duits riep:

'Hier zijn we nog niet geweest!'

Ze kwamen de zolder op. Met ingehouden adem maakten we ons zo klein als we konden. Grote sterke lichtbundels zwaaiden over het dak en over ons heen.

'Laat ze niet gaan hoesten, laat ze niet gaan huilen,' bad ik, met in iedere hand een bevend kinderhandje.

Toen was het voorbij.

Omdat buiten het uitgaansverbod al was ingegaan, besloten we in het ziekenhuis te overnachten. We waren de enigen in het grote gebouw, op de doodstille zolder, althans dat dachten we. Maar toen ik de volgende ochtend de boel ging verkennen in die onwezenlijke sfeer van allemaal lege kamers en lege bedden op de derde verdieping bleek dat de Duitsers een aantal verpleegsters met buitenlandse papieren en enige niet-Joodse patiënten met rust hadden gelaten. Bij de ingang van het gebouw stond bewaking geposteerd en het was onmogelijk om het gebouw te verlaten, zonder gezien te worden.

Een zuster, die mij betrapte, schrok verschrikkelijk toen ze me herkende. Ik vertelde haar van de situatie op de vliering.

'Als jullie willen vluchten,' fluisterde ze me toe, 'ga dan over de daken en doe het nu, want de Duitsers komen binnen het uur terug.' We besloten ieder ons weegs te gaan.

Ik nam het dak naar de volgende woning die ik tot mijn groot geluk leeg aantrof, ook al besefte ik verdrietig dat de bewoners gedeporteerd moesten zijn. Waar moest ik in godsnaam naartoe? Ik besloot naar het ouderlijk huis van mijn vriend Ernst Cohen te gaan in Amsterdam-Oost. Daar werd ik weliswaar met open armen ontvangen, maar toch voelde ik me er te veel. De ouders van Ernst hadden hun mooie, grote huis in Deventer, waar ze mijn zusje Betty zes weken lang hadden verzorgd toen ze haar enkel gebroken had, moeten verlaten om in een soort getto in Amsterdam geherhuisvest te worden in een benepen onderkomen. Ik sliep op de divan in de huiskamer, enige privacy was er niet. Ook al was alles wat ik bezat mijn verpleegstersuniform, ik wilde niet op hun kosten leven en ging op zoek naar werk.

Ernst en ik begonnen voorbereidingen te treffen om onder te duiken. Na enige weken waren onze waterdicht vervalste persoonsbewijzen klaar. Nu konden we een onderduikadres zoeken. Maar we waren te laat.

Zomaar, opeens, was het zo ver: de zware laarzen, het geschreeuw, de harde slagen op de deur, de lijst met namen van de ouders, van het zusje, van de grootmoeder – en de naam van Ernst zelf. 'Over een half uur allemaal gereed staan,' klonk het kortaf.

Ik stond niet op de lijst. Ik was uit het ziekenhuis gevlucht, was nergens meer ingeschreven; voor de Duitsers bestond ik niet meer. Natuurlijk had ik weer kunnen vluchten, zeker nu ik in het bezit was van een goed persoonsbewijs. Toch heb ik het niet gedaan. Ik ben uit vrije wil met ze meegegaan.

Hoe had ik mijn grote liefde los kunnen laten, een ongewisse toekomst tegemoet?

Ernst stierf kort na de bevrijding in het concentratiekamp Bergen Belsen aan vlektyfus, aan ondervoeding en aan totale uitputting.

BETTY

Ondanks mijn angst om het huis aan de Stadhouderskade te verlaten, waagde ik me toch verschillende malen op de fiets naar Laren, naar Philip, die ik zo verschrikkelijk miste.
Hij had het heel erg moeilijk zo alleen op een kamertje; nooit naar buiten mogen en dát voor iemand die zo van de natuur hield.
Vervelen deed hij zich niet, want zijn onderduikverleners zorgden ervoor dat hij alle benodigde boeken kreeg om verder te studeren voor zijn doctoraalexamen economie dat hij na de oorlog hoopte af te leggen. Het idee om boer te worden had hij laten varen. Landbouwkundig econoom wilde hij zijn, om in dat beroep zijn bijdrage aan de opbouw van Palestina te kunnen leveren. Verder hield hij op grote stafkaarten de militaire ontwikkelingen van de oorlog minutieus bij. Het moet hem een grote troost zijn geweest, dat, ook al kon hij ze niet ontmoeten, inmiddels ook zijn ouders en zusje in Laren waren ondergedoken. Ieder op een ander adres.

Amsterdam werd dag aan dag onveiliger, de ene na de andere razzia volgde elkaar op. Toen ik het er niet meer uithield en besloot om het weekend bij Philip door te brengen, probeerde iedereen met man en macht me daarvan te weerhouden: de stad zou worden afgesloten, overal zouden controleposten worden uitgezet, geen hond die er doorheen kon komen. Maar ik wilde niet luisteren. Reizen bracht grote risico's mee, maar blijven was minstens zo gevaarlijk. Met een geloofwaardig verhaal in mijn hoofd ging ik op weg en bracht een ongestoorde zaterdag en zondag bij mijn geliefde door. Juist in dat weekend vond een van de allergrootste razzia's plaats. Ook het huis van de Althoffs moest het ontgelden, maar de schuilplaats heeft, althans voor het kleine gezinnetje dat er ondergedoken was, zijn dienst bewezen.

Ik heb onmogelijke dingen tijdens de bezetting gedaan. Zo ging ik, toen dat voor Joden verboden werd, juist met de tram om niet herkend te worden. Maar blijkbaar had een vriend van mijn vader me eens voorbij zien rijden en nog wel op de heilige sabbat. Hij vond het nodig mijn vader daarover in te lichten, al was het maar omdat een orthodoxe Jood op sabbat te voet gaat. Mijn broer Jaap vertelde me na de oorlog dat vader daarop lang in gedachten verzonken bleef en tenslotte peinzend zei: 'Misschien heeft zíj wel gelijk.'

Nog zou ik er alles voor overhebben, om dit van mijn vader zelf te hebben gehoord.

Achteraf onbegrijpelijke risico's nam ik ook nadien. Zo sloop ik met een reservesleutel twee dagen na die grote razzia naar het huis van mijn weggehaalde oudste zuster Juul en haar man. Als versteend bleef ik in de keuken staan. Op tafel stond de schaal met het restant van hun visgerecht, de gebruikte servetten er in aller haast neergeworpen omheen. Het kon mij niet duidelijker gemaakt worden dat wat zij, wat wij allen zo gevreesd hadden, nu toch gebeurd was. Zij waren onherroepelijk wég. Alleen de keukenklok tikte onaangedaan verder.

Ik nam het visbestek als laatste groet, ik nam haar ochtendjas als tastbare herinnering aan degene van wie ik zelfs geen afscheid had kunnen nemen met me mee, in het besef dat alles wat hen dierbaar was geweest, teloor zou gaan, geroofd zou worden of domweg zou worden weggeworpen.

Ik was er op mijn tenen binnengekomen. Innerlijk verscheurd ben ik er op mijn tenen vandaan gegaan, van dat ontzielde huis in de Sarphatistraat.

In diezelfde periode moest ik, om de een of andere reden die uit mijn geheugen is gewist, naar het Centraal Station.

Bij de Geldersekade aangekomen waadde ik letterlijk door een heuvellandschap van Joodse gebedenboeken, heilige geschriften, leerboeken, brieven en wat niet al, die uit de huizen

Joodse huizen, waarvan de eigenaars gedeporteerd waren, werden ontruimd. Waardevolle spullen werden naar Duitsland verscheept, verkocht of gestolen. Gebeden boeken, foto albums en brieven werden 'waardeloos' beschouwd.

van de weggehaalde Joodse bewoners naar buiten waren gesmeten. Ik durfde me niet te bukken om wat dan ook op te rapen. Het was een martelgang waarvan de herinnering me nooit meer heeft verlaten. Hier werd ik in al zijn rauwheid direct geconfronteerd met de pogingen een eeuwenoude cultuur te bezoedelen en met voeten te treden. Het schampte door me heen: waren er misschien ook geschonken boeken, geschreven brieven, gemaakte foto's van mijn ouders bij, die op de Geldersekade zoveel vrienden en kennissen hadden gehad?

Mijn geweldige, ondanks hun orthodoxie geavanceerde ouders. Met mijn werkende moeder, wat voor die tijd heel ongewoon was. Met mijn vader die zijn dochters vrijliet om welke sport dan ook te beoefenen en hun onafhankelijkheid van denken nastreefde. Die ouders, die ervan uitgingen dat hun kinderen zouden gaan studeren om met kennis de wereld van onkunde vooruit te helpen en een tehuis voor alle bedreigde Joden in de wereld in Palestina mede te realiseren.

Die integere, innerlijk zo intens beschaafde ouders waren, als

47

gold het huiselijk afval, ook inmiddels naar Westerbork afge-voerd. Nog waren ze er, in eigen land. Met ze spreken was echter niet mogelijk omdat Joden geen telefoon meer moch-ten bezitten. En naar Westerbork reizen? Dat ik, de 'arische' Jo Musch, naar het huis van mijn broer was gegaan en daarna naar het huis van mijn weggevoerde zuster in de Sarpha-tistraat was al gevaarlijk genoeg geweest. Gelukkig kon ik van-uit de Stadhouderskade wel zonder veel problemen pakketjes naar hen sturen. Vrienden van de Althoffs brachten ze soms naar de post, maar meestal maakte ik platte pakjes die ik in de brievenbus stopte achterop de tram.

Ondanks alle spanningen om ons heen waren er ook veel goe-de momenten in het huis van Eduard en Germaine Althoff. Germaine, Spaans van geboorte, gaf Spaanse les aan huis. Met de twee kinderen uit haar eerste huwelijk kreeg ik een hechte band. Er kwamen allerlei kunstenaars over de vloer, er

Het legen van de brievenbus bij het Centraal Station in Amsterdam

werd vaak gemusiceerd en, hoe naar ook de omstandigheden, er werd veel gelachen. Nadat ik er een kleine twee maanden woonde, werd er om een uur of drie 's middags aangebeld. Beneden bij de trap stonden twee heren in regenjas en slappe hoeden op het hoofd. Instinctief voelde ik: foute boel.

Ik schreeuwde zo hard ik kon, in de hoop dat Germaine die les gaf, het zou horen: 'Heren, wat komt U doen?'

Waarop ze terugriepen dat ik dat wel zou merken als ze boven waren. Ik rende naar de leskamer en fluisterde Germaine toe: 'Gestapo! Ik werk hier alleen maar tot vijf uur!'

Boven gekomen vroegen ze me meteen naar mijn persoonsbewijs. Nou, die was uitermate slecht, zelfs de vingerafdruk klopte niet. Het enige juiste was de foto en de kanttekening 'litteken aan de keel rechts.' Een bevriende arts uit Laren had dat litteken zorgvuldig op mijn keel aangebracht, zo zorgvuldig zelfs dat het er gedurende de oorlogsjaren indrukwekkend echt uitzag. Na de oorlog is het geheel verdwenen.

Terwijl ze het persoonsbewijs van alle kanten bekeken, vroegen ze opeens: 'Dat litteken, laat dat eens zien?'

Alsof ik het bestaan ervan volslagen was vergeten, zei ik verbaasd: 'Wat, staat dat op mijn persoonsbewijs, wat raar!' en wees ze op de rode streep die mijn keel ontsierde.

Om mijn angst te verbergen, bleef ik maar praten en bedacht toen opeens met gemaakte schrik: 'Maar ik kan u nu niet meer te woord staan, ik moet de baby eten geven,' klaar om weg te snellen.

'Wie is hier verder nog in huis?' wilden ze weten.

'Mevrouw met een leerling. Zij geeft Spaanse les.'

'Ga mevrouw waarschuwen dat ze komen moet,' zeiden ze bits.

'Wat?' riep ik uit. 'Mevrouw storen in haar les? Van mijn levensdagen niet. Ik ben speciaal aangenomen om voor de baby te zorgen en als zij lesgeeft, mag zij pertinent niet gestoord worden. U moet dus wachten tot zij klaar is, anders word ik ontslagen!' Als een cerbera stelde ik me op voor haar deur. Zoals verwacht duwden de heren mij opzij en gingen naar binnen. Ik rende naar boven, riep de onderduikfamilie toe dat ze naar hun schuilplaats moesten gaan, denderde de trappen weer af, griste de baby uit haar bedje en ging in de keuken zitten. De baby die met een vol buikje net tevreden in slaap was gevallen begon onbedaarlijk te huilen.

Na enige tijd, de heren waren nog steeds binnen, legde ik de baby terug. Ik trok mijn jas aan, nam alleen mijn handtas, klopte op de leskamerdeur en zei met mijn hoofd om de hoek: 'Mevrouw, het is mijn tijd. Ik ga naar huis. Tot morgen.'

Germaine, die iedere situatie kon beheersen, speelde het spel mee. 'Jo,' zei ze geërgerd, 'ik hoop dat je morgen eindelijk een keer op tijd komt. Ik ben het beu dat eeuwige te laat komen van jou.'

Zo waardig mogelijk liep ik de trap af, trok de deur achter mij dicht en verdween. Pas na de oorlog zou ik naar de Stadhouderskade terugkeren.

De inval heeft gelukkig geen noodlottige gevolgen gehad. Bij het doorzoeken van het huis zijn schuilplaats noch onderduikers gevonden.

Maar de volgende dag kwamen de heren van de Gestapo wel terug. Het persoonsbewijs van Jo Musch was nagetrokken en wat bleek? Die hulp voor de baby, in goed vertrouwen aangenomen, was een jodín.

Mevrouw wist uit te roepen: 'Goede genade, in wat voor gevaar ben ik geraakt. O, mijn baby!' en viel daarna even in onmacht. Haar geloofwaardigheid was onbetwistbaar.

De hele avond en nacht dwaalde ik door het Beatrixpark en pas 's ochtends durfde ik naar het Gooi te gaan, waar ik altijd terechtkon bij het historische schrijversduo, Jan en Annie Romein. Wie bij hen verbleef moest er echter wel op voorbereid zijn om ieder moment te kunnen vluchten. Dus vrijwel aangekleed gaan slapen, een vluchttas onder het bed en de vluchtroute nauwkeurig van tevoren uitgestippeld.

Vrienden bezorgden me een nieuw persoonsbewijs, een tikkeltje beter dan het vorige met mijn eigen vingerafdruk dit keer. Van nu af aan heette ik Adrie Kool.

Opnieuw oefende ik urenlang op het zetten van een nieuwe handtekening en het onthouden van mijn persoonsgegevens. Dat ik gezocht werd, stond vast. Ook dat, zolang de bezetting duurde, Amsterdam een verboden plaats voor mij was geworden. Adrie Kool kon nog wel eens lachen, maar Betty Polak glimlachte zelden meer.

LIES

'Kamp,' wat betekent dat woord? Voor mij heeft het sinds 1943, toen ik in de trein naar Westerbork reisde, een heel andere betekenis gekregen.

Jaren achtereen ging ik naar de zomerkampen van de jeugdbeweging, waar soms meer dan honderd jongeren bij elkaar waren. We maakten grote wandelingen, gingen naar lezingen, we zongen, deden aan volksdansen en waren vooral luidruchtig. 's Nachts sliepen we in tenten of op enorme hooizolders, waar we onder dolle pret onze stromatrassen vulden en praatten; praatten tot diep in de nacht. Het kamp van die dagen was de ideale vakantie. Veertien dagen lief en leed delen met je beste vrienden en vriendinnen en natuurlijk aan de lopende band verliefd worden, ver onder het ouderlijk toezicht vandaan. Mijn eerste kus, ik was zestien, kreeg ik daar.

De tegenstelling tussen die eerste kampen in mijn leven en het kamp waar ik op mijn twintigste jaar met geweld naartoe werd gebracht, is bijna niet te beschrijven.

'Kamp Westerbork' werd door de Nederlandse regering in 1939 vlakbij Assen in de provincie Drente ingesteld als opvangkamp voor Joodse vluchtelingen uit Duitsland. Twee jaar nadat de Duitsers Nederland bezet hadden, kwam het in handen van de SS die er een *Polizeiliches Durchgangslager* van maakte, een reservoir waar alle opgepakte Joden in Nederland naartoe gesleept werden, voordat men hen naar de werk - en vernietigingskampen deporteerde in Duitsland, Polen en in het toenmalige Tsjecho-Slowakije.

Westerbork was niet het ergste kamp, het was niet te vergelijken met de kampen die bekend stonden om de systematische afslachting van Joden. Maar één ding was zeker: op het moment dat we het kampterrein van Westerbork betraden, was het uit met onze vrijheid.

In de gevangenschap van de angst leefden we al zo lang, maar wel hoopvoller. In Westerbork, waar wij in depot zaten af te wachten om vroeg of laat op transport te worden gesteld, was het moeilijk om een laatste sprankje hoop levend te houden.

De Duitsers hadden het kamp zodanig georganiseerd, dat het door de Joodse bewoners zelf in stand werd gehouden. Bewaking was er miniem en er werd hard gewerkt alsof het een gewone gemeenschap betrof. Nadat men bij aankomst was ingeschreven, werd men ingedeeld in een barak, mannen en vrouwen van elkaar gescheiden. Dat alles gebeurde vlot en nauwgezet. Ik heb die dag geen enkele Duitser in het kamp gezien.

We pasten ons dermate snel aan ons nieuwe lot aan, dat we ons nauwelijks meer in konden denken ooit een ander leven geleefd te hebben, daar in die gedwongen commune op de Drentse hei, zonder iedere vorm van privacy, zonder identiteit, alleen maar de kampbevelen opvolgend.

Vaak heb ik me afgevraagd hoe het mogelijk is geweest dat we steeds opnieuw de nacht voor dinsdag, de 'vervloekte dinsdag,' zijn doorgekomen.

Iedere maandag arriveerden op de zogenoemde *Boulevard de la Misère*, het 'stationnetje' midden in het kamp, de veewagons. Iedereen wist waarvoor deze beestenwagens binnen het kamp werden gebracht: voor de 'zending van de volgende dag.' 's Avonds verschenen de Joodse leden van de Joodse Ordedienst met hun beruchte lijsten. Ze gingen de barakken binnen en deelden mee wie er de volgende dag op transport zou gaan. Liefst kwamen ze zo laat mogelijk, want ze kenden de reacties van de ongelukkigen die op de lijst stonden, van het machteloos zoeken naar uitwegen tot zelfmoordpogingen toe. Iedere week moest het door de Duitsers opgegeven aantal vertrekkende mensen kloppen. Dat was doorgaans duizend mannen, vrouwen en kinderen, met een kleine reserve voor onderweg, want ook in de trein werd er gestorven. In eerste instantie werden degenen die pas aangekomen waren of nog niet zo lang in het kamp verbleven, doorgestuurd.

Waren er niet genoeg, dan begon men ook onder de 'oude ingezetenen' te ronselen. Daarom wist je nooit met zekerheid of je op dinsdag al of niet gespaard zou blijven. Er waren mensen met een zogenaamde 'sper.' Het was hen dan gelukt op een bepaalde lijst te komen waardoor ze om verschillende redenen voorlopig vrijgesteld waren van deportatie. Iedereen probeerde een plaatsje op een dergelijke lijst te krijgen, want het enige reddingbrengende was uitstel. Uitstel van een ongewisse toekomst.

Voor de Duitsers maakte het niets uit wíé er weggingen, voor hen telde louter het aantal dat moest kloppen. Zo ontstond de mensonterende situatie dat de Joden elkaar de trein in moesten brengen. In de nacht van maandag op dinsdag werd er nauwelijks geslapen. Degenen die niet op transport hoefden, probeerden te helpen met het inpakken van het weinige dat men bezat. Men kon niet veel anders dan elkaar bijstaan en zwijgen.

Dan brak die 'vervloekte dinsdag' aan. De mensen werden de veewagens ingedreven; wagens zonder enige ventilatie, per wagon een open ton voor de behoeften. De Duitsers telden voor de laatste maal of het getal klopte. Ten slotte sloten ze de deuren met zware grendels. Daarop zette de trein zich in beweging en verdween tergend langzaam uit ons blikveld. Een schreeuwende stilte viel over het kamp. Maar wij moesten wel verdergaan met onze kleine beslommeringen en deden dat tot de volgende maandagavond.

Tot mijn vreselijk verdriet waren mijn ouders al 'doorgestuurd,' zoals dat heette, toen ik in Westerbork arriveerde. Vader had mij een afscheidsbrief geschreven, zo vertelde mijn broer mij later, een brief die ik nooit onder ogen heb gekregen. Wat zou vader mij in die laatste ogenblikken in het kamp hebben willen toevoegen? Ach, eigenlijk wist ik het wel. Als hij zijn brief op vrijdag geschreven had, voordat de sabbat begon, zal hij zeker geëindigd zijn met de woorden 'God zegene je en behoede je. Amen.'

Zijn diep geloof in God heeft mij altijd een zekere troost gegeven, de troost dat hij in ieder geval in het vertrouwen leefde, dat hen een wreed einde bespaard zou blijven. Maar zijn God heeft hem misleid.

Mijn ouders – zij blijven een teer punt in mij, waarmee het leven me overvallen kan in mijn meest kwetsbare momenten. Wat weet ik nou eigenlijk van hen behalve dat ze er altijd voor mij waren, als een vanzelfsprekende mij omringende aanwezigheid. Maar wie waren zij zélf ?

Wat was er gaande dat ze zich pas na een zevenjarige verloving voorgoed aan elkaar bonden? Hoe hebben ze het kunnen verwerken, het verlies van hun eerste kind, een schattig blond jongetje dat op zijn tweede jaar aan een nierziekte stierf ? Hoe was uw jeugd, moeder, hoe was uw adolescentie, vader, hoe zag u het leven en wat verwachtte u ervan?

Ik was te jong destijds om me die dingen te realiseren en nu ik oud genoeg ben om ze me af te vragen, is ieder antwoord op voorhand verstomd.

In het kamp werd ik herenigd met mijn grote broer, Jaap, en met mijn oudste, net als ik fysiek niet sterke zuster Juul. Mijn andere zuster was ondergedoken. Sporadisch kwamen er brieven van Betty, het zusje met wie ik mijn jeugd gedeeld heb, steeds onder een andere naam als ze weer van persoonsbewijs had moeten veranderen. Haar brieven waren altijd kort, maar het waren tekenen van leven die me overgelukkig maakten.

Als tweedejaars leerling-verpleegster had ik het voorrecht in de ziekenbarak van Westerbork tewerkgesteld te worden. Vele artsen en specialisten uit het Nieuw Israëlitisch Ziekenhuis zag ik terug in de grote barak, die men in letterlijk ieder opzicht tot ziekenhuis had omgetoverd. Nog steeds waren het mijn meerderen, maar we bevonden ons allen in een en dezelfde situatie. Het klinkt ongeloofwaardig maar het ziekenhuis was zelfs een heuse operatiekamer rijk. Medicamenten en instrumentaria kwamen van buiten. De meest bekwame doktoren en professoren, die net als ik met grote overmacht uit hun huizen waren gehaald, werkten er, allen in de hoop zich onmisbaar te maken en voor wegvoering gevrijwaard te blijven. Die hoop bleek tevergeefs, want ook deze prominenten zijn één voor één verdwenen.

Die eeuwige angst, die aan je vretende onzekerheid!

Ik woonde in de barak waar ook de moeder en het zusje van Ernst waren ondergebracht en wij probeerden iedere avond, op het uur dat de mannen onze barak mochten bezoeken, samen ons avondbrood te delen. Ernst zag ik weinig, veel te weinig. Niet dat we van elkaar vervreemdden, maar de nog maar net ontloken knop van onze liefde kon er niet tot bloeien komen.

Het grootste deel van de Chaloetsiem, jonge mensen die zich al vóór het uitbreken van de oorlog op een taak als Palestina-

pionier voorbereidden, werkte in de keuken en in het maga-
zijn. Een andere groep hielp onder SS-begeleiding buiten op
de akkers. Ik, als enige, werkte in het ziekenhuis. Eenmaal bij
elkaar hadden we veel te vertellen. Soms werd er eten ver-
deeld door iemand die net een pakje met levensmiddelen
toegestuurd had gekregen.

Hadden mijn ouders dat ook gedaan? Iedere week stuurde ik
wat ik ook maar kon missen naar hen op, om hun leven te
veraangenamen.

Wij, Palestinapioniers, hadden niet de zorg voor een gezin
met kinderen, maar misschien groeide daardoor de verantwoordelijkheid voor elkaar. Die steun is van levensbelang geweest om me in Westerbork staande te kunnen houden.
Want ik had het er moeilijk. Allereerst de niet aflatende vrees
om wat er met vader en moeder gebeurd kon zijn; we hadden
niets anders dan onze gruwelijke vermoedens.

Mijn broer en zuster hadden hun eigen zorgen. Beider huwelijk was gestrand. Ik zag hen weinig. Ik hield me vast aan de
strohalm van de weinige tijd die ik met Ernst door kon brengen.

Ondertussen werd het leven steeds minder makkelijk.

Er was niet genoeg eten meer. Ik had honger. Ook waren er
andere voor mij problematische dingen. Ik was grootgebracht
in een gezin waarin ethische waarden hoog werden gehouden, mijn jeugd stond geheel in het teken daarvan. Zoals in
die tijd gebruikelijk was werden mensen verliefd, verloofden
zich, trouwden en kregen kinderen. Als er al gevallen van
scheiding en vreemdgaan in het huwelijk waren, dan hoorden
wij kinderen nooit iets over die 'schandalen.'

Hier in Westerbork kwam ik een ander aspect van de mens-
heid tegen die me schokte en in verwarring bracht.

Het motto van velen was: 'Geniet van het leven zolang je nog
leeft en neem daarom wat je geboden wordt.'

Zonder gêne hadden mannen en vrouwen intieme ontmoetin-

gen. Het deed er niet toe of het een vaste of toevallige part-
ner was. Men greep zich eenvoudig nog even aan een laatste
moment van warmte en liefde vast.

Zo zag ik op een maandagavond een oudere man die ik goed
kende, zijn vrouw was ook in het kamp, in een afgelegen
hoek ineengestrengeld staan met een ver familielid van mij,
een getrouwde vrouw. Als drenkelingen klampten ze zich
aan elkaar vast en kusten elkaar heftig, van alle schaamte
ontdaan.

Mijn eerste opwelling was: 'Hoe kan hij zijn vrouw en hoe
kan zij haar man zó bedriegen?' Maar direct daarop begreep
ik iets heel fundamenteels: ze wisten per slot van rekening
toch ook niet, of ze de volgende week nog in leven zouden
zijn!

BRIEF VAN LIES AAN BETTY

September 1943

Liefste Joke (onderduiknaam van Betty),
Wat hebben we gesmuld van het pakje dat je stuurde, voor-
al de appelen waren zo heerlijk, die zie je hier niet. Ik heb
het uitgepakt aan de tafel waar mijn schoonfamilie zat plus
de hele familie uit Den Haag. Iedereen vroeg belangstellend
naar jou. Het is net of het Sinterklaas is als je een pakje
krijgt.
Ondertussen hebben we al vijf gevallen van kinderverlam-
ming. Het weeshuis hier, in Kamp Westerbork, is quarantai-
negebied geworden, er mag niemand in en uit. Ze zijn
doodsbang voor uitbreiding, het aantal difteriegevallen is
groot en vooral geelzucht heerst ontzettend. Het kan ook
niet anders, je woont hier zo op elkaar dat het infectiege-
vaar wel groot moet zijn. Ik bof dat ik iedere week mag dou-

chen, dat komt natuurlijk door mijn werk. Je krijgt drie minu-
ten om je uit te kleden, zes minuten douchen, zes minuten om
je weer aan te kleden. Verder was ik mij iedere dag helemaal
met ijskoud water. Wat dat betreft heb ik toch wel voordelen.
Als ik er moeite voor doe kan ik 's middags een beker melk
krijgen.
Hoogstwaarschijnlijk gaat dinsdag, ondanks alle besmettelijke
ziekten, een transport. Er wordt ook veel gemompeld over de
blauwe stempels, onmogelijk is niets, daarvoor is het Wester-
bork. Men beweert dat we ergens anders geïnterneerd wor-
den. Enfin, we moeten maar rustig afwachten.
Het ziekenhuis is nu geen gewoon ziekenhuis meer, het lijkt op
een lazaret, je weet wel, zoals je het uit de boeken las over de
Eerste Wereldoorlog. Steriliteit is er zowat niet, doodzieke
mensen liggen met meer dan honderd in een barak met bed-
den tweehoog, geen water bij de hand, daar moet je voor
naar het waslokaal en voor warm water moet je naar buiten.
Voor een po moet je dus eerst de hele lange zaal door, vrese-
lijk gewoon. En al die mensen met buikloop, dat is de meest
voorkomende ziekte hier. Ik heb er gelukkig tot nu toe geen
last van gehad.
De eerste dagen kon ik het water niet drinken, zo vreselijk ij-
zerhoudend, maar nu ben ik er aan gewend. We drinken über-
haupt niet veel, anders moet je zo vaak naar de wc en je hebt
echt niet veel behoefte aan drinken. Ik ga altijd op mijn werk
naar de wc, die is een beetje 'echt.' Je moet hier de 'huisjes'
eens zien. Twintig vrouwen kunnen daar naast elkaar zitten, je
kunt ondertussen een hele babbel houden en het riekt er kwa-
lijk.
Ondertussen is het vijf uur geworden. Ik was de oudste op de
afdeling. Er kwam een vrouw die mastitis, borstontsteking,
heeft met haar baby. Toen ik de baby gewassen had was er
níéts om het kind aan te doen. Het was om te huilen als je de
verwaarlozing zag van dat kind, een bibsje te rood om naar te

kijken en het kind had vanaf vanochtend negen uur nog niets gedronken. Ten einde raad heb ik het in een laken en een deken gewikkeld. Hopelijk komen vanmiddag uit een andere barak luiers en kleertjes.

Dit is een klein voorbeeld van de verpleging hier. Absoluut geen materiaal. Mijn kleine achternichtje, je weet wel het dochtertje van Greet, kreeg plotseling een darmstoornis en was zo vreselijk ziek dat het een bloedtransfusie kreeg. Het is nog steeds niet buiten gevaar. Toch word je hier hard en dat moet wel, anders huil je de hele dag door.

Ondertussen zondagavond, het kind van Greet is vanmorgen gestorven. Je begrijpt hoe de familie eraan toe is. Zo gaan er massa's kinderen dood. Het is hier het moeilijkste voor kleine kinderen en oude mensen.

Dinsdag gaat transport. Dat betekent dat de gestempelden, zoals wij die een 'sper' bezitten, transportdienst hebben. Je mag je eigen mensen in de trein helpen. Om drie uur 's nachts moeten wij beginnen.

Ik kreeg gisteren nog een pakje van je, die met de hoofddoek. Wat ben ik daar blij mee, want ik ben zo bang hoofdluis te krijgen. Ik kan je alleen maar zeggen dat ik je ongelooflijk dankbaar ben.

En gisteravond kwam nog een pakket van mijn ex-baas Van der Weide, het was een groot groentepakket. Die wortels, wat een ongelofelijke heerlijkheid!!!

Probeer deze brief te bevestigen. Veel liefs en groeten, je weet wel aan wie, je Annie (gefingeerde naam voor Lies).

BETTY

Na het korte intermezzo in het Gooi bij Jan en Annie Romein reisde ik, nu als Adrie Kool, naar Den Haag. Daar kwam ik als dienstbode terecht in het antroposofisch ingestelde gezin van de destijds bekende musicus, Han van Goudoever.

Altijd hunkerend naar cultuur werd ik daar op mijn wenken bediend, want het was er allemaal: waardevolle gesprekken, heel veel muziek, sfeer.

Ik werd in de gelegenheid gesteld om bij betrouwbare leraren lessen Frans en Russisch te gaan volgen; men heeft me als kind des huizes behandeld. Het enige standje dat ik er ooit heb gekregen was toen ik de schoonheid in verwelkte bloemen niet zag en die weggooien wilde.

Ik betwijfel of ik een goed dienstmeisje ben geweest. Als Han het prachtige celloconcert van Dvorak repeteerde, kon ik eenvoudigweg niet verdergaan met schoonmaken en moest ik luisteren, ademloos met mijn oor tegen de deur.

Maar ook in het prachtige Benoordenhout waar de familie woonde, werd het voor mij op den duur te gevaarlijk. De Duitsers begonnen stadsdelen af te sluiten in verband met de bouw van de Atlantic Wall en er kwamen overal steeds meer controleposten. Na drie maanden geheel in het gezin opgenomen te zijn geweest, was ik wel gedwongen om afscheid te nemen.

Inmiddels was Philip al weer enige tijd weg uit Laren. Tot zijn vreugde hoefde hij niet meer opgesloten te zitten, want dankzij onze contacten kwam hij op een antroposofisch tuinbouwbedrijf terecht in Groet, vlakbij de zee, in Noord-Holland. Hij voelde zich er helemaal op zijn plaats en ging zich in zijn vrije tijd diepgaand met de theorieën van de antroposoof Rudolf Steiner bezighouden.

Iedere keer als ik hem bezocht, kwam ik diep onder de indruk van de bijzondere wijze waarop men daar met elkaar omging.

In het relatief veilige kunstenaarsdorp Groet konden we ook vrijelijk op bezoek gaan bij andere mensen, zodat we tijdens het korte verblijf van Philip heel even in de illusie leefden in een 'normale' wereld weergekeerd te zijn.

De familie Goudoever hielp mij aan een nieuw adres in Laren waar men om een dienstmeisje verlegen zat. Grotere tegenstelling is welhaast niet denkbaar, die tussen mijn verblijf in Laren en dat in Den Haag.

Toen ik 's avonds aanbelde bij de kapitale villa, deed mevrouw mij zelf open met de welkomstwoorden:

'Zo, dus jij bent Adrie, de nieuwe dienstbode' en leidde me zonder meer naar de keuken, mijn toekomstige domein. In een zijgangetje wees ze het toilet aan. 'Voor jou. Je begrijpt dat je die van ons niet mag gebruiken.'

Er werd van mij verwacht dat ik uitgedost in een zwart jurkje en wit schortje op afroep verscheen. Zelfs het kleine dochtertje wist mij de andere morgen vroeg al dadelijk mijn plaats te wijzen. 'O, ben jij Adrie? Papa wil zijn ontbijt nú hebben!'

Toen ik haar onverstoorbaar goedemorgen begon te zeggen, riep het kleine turfje uit de hoogte: 'Wil je het nu metéén maar even doen, ja?' Hoe anders was ik de beleefde omgang met personeel in mijn ouderlijk huis gewend.

's Ochtends, als mevrouw die nauwelijks in de keuken kwam haar vriendinnen ontving, maakte ze zelf de chocolademelk voor haar gasten, bang dat ik er ook maar iets van zou nemen. Dan zei ze met gespeelde opgewektheid: 'Adrie, jij neemt wel een bouillonblokje, niet?' Daarmee doelde ze op de onsmakelijke, veel te zoute surrogaatblokjes.

Op een avond toen ik mijn schoonzuster, Philips' zuster Suus die ook in Laren ondergedoken was, in de keuken op bezoek had, kwam plotseling mevrouw binnen, zocht iets en verdween weer schielijk. Suus werd lijkbleek.

'Dat is het meisje L,' stamelde ze, 'met wie ik samen op het lyceum gezeten heb.'

61

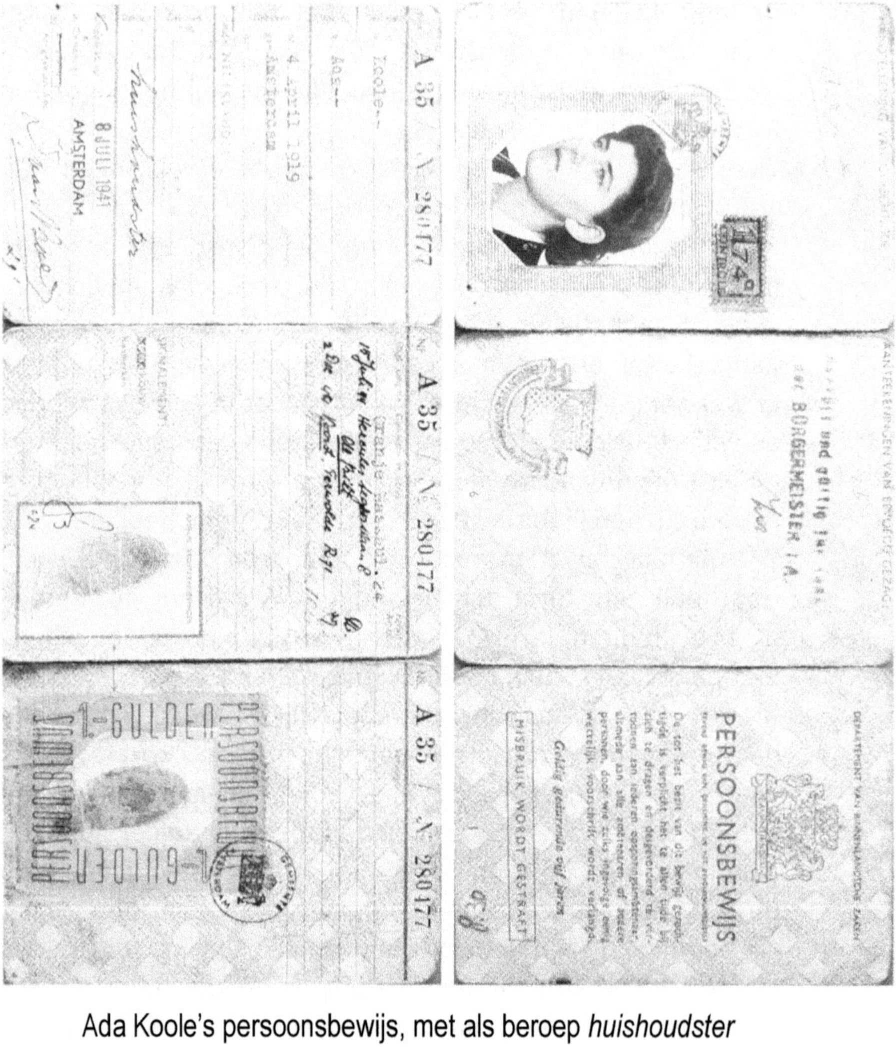

Ada Koole's persoonsbewijs, met als beroep *huishoudster*

Maar ik wuifde haar angst, herkend te zijn, weg. Voor dit soort mensen was personeel, zolang je jouw werk deed, immers niet meer dan lucht! En als ze je wel zagen staan, was het vanwege een verzoek, zoals het kleine meisje al vroeg had leren toepassen. Als ik met vele andere dienstmeisjes buiten het hek van een grote villa stond te wachten tot de kleine monstertjes naar buiten kwamen rennen, gooide ze steevast haar jas naar me toe. 'Hier. Dragen!'

Nadat ik op een gegeven moment mijn tas met mijn papieren in de bus had laten liggen, moest er een nieuw persoonsbewijs komen. Adrie Kool werd Ada Koole.

In Laren had ik diverse mensen ingeschakeld om kleine pakketjes van mij naar familie en bekenden in Kamp Westerbork te sturen. Toen mevrouw op een morgen naar het postkantoor moest, vroeg ik haar beleefd of ze voor deze ene keer iets voor mij wilde posten. Na mijn schoonmaaktocht door het grote huis zag ik terugkomend in de keuken mijn pakketje nog steeds op tafel liggen. Mevrouw kwam juist binnen, de armen vol met kleine cadeautjes en bloemen.

'U hebt het pakje niet mee kunnen nemen?,' vroeg ik, mijn opkomende woede met moeite inhoudend.

Waarop mevrouw hooghartig antwoordde: 'Wat dénk je wel Adrie! Toch niet dat ik voor mijn personeel pakjes ga wegbrengen?'

Toen was de maat vol. Dezelfde avond nog toen het diner weer eens uitliep tot na negenen en ik voor de meest onbenullige dingen naar binnen werd geroepen, kwam ik ongevraagd de eetkamer binnen met de mededeling: 'Ik blijf niet langer in dit huis. Ik zeg de dienst bij deze op.'

Verbazing alom. 'Waarom dan wel?'

Ik gooide het er maar eens en voor altijd uit: 'Omdat u met al uw rijkdom en egoïsme nog niet bereid bent om ook maar een vinger uit te steken voor mensen die in concentratiekampen verhongeren, omdat u alleen met uzelf en uw bezit bezig bent.'

Hoezeer de familie mij ook probeerde te vermurwen, niets kon mij ertoe bewegen om op mijn besluit terug te komen.

Ik pakte mijn spullen en dook opnieuw onder in het gastvrije huis van Jan en Annie Romein. Juist die avond werd de verjaardag van Jan gevierd. Nog in mijn zwarte jurkje en het witte schortje om werd ik met gejuich binnengehaald.

Als verjaarscadeau had ik chocoladepoeder meegebracht; niet weggenomen van mijn mevrouw, maar zuinig bewaard. Al die oorlogsjaren lang.

LIES

Pas heel langzaam nadat Nederland in de lente van 1940 door de Duitsers bezet was, begon het in het toenmalige Palestina door te dringen wat er zich eigenlijk met de Europese Joden aan het voltrekken was.

In 1941 en in 1942 werden een groot aantal Duitsers in Palestina uitgewisseld tegen een groepje Palestijnse staatsburgers die in Europa waren blijven steken en een groepje gelukkigen die een Palestinacertificaat bezaten. Eerst toen de laatstgenoemden hun verhaal deden over wat ze zelf gezien en meegemaakt hadden, brak het besef door dat men begonnen was om het Europese Jodendom te vernietigen en dat het zaak was zo veel mogelijk Joden uit de bezette gebieden naar Palestina over te laten komen.

Dat was echter alleen mogelijk indien men in het bezit was van een geldig certificaat dat van de Engelse mandaatregering in Palestina was uitgegaan. Al in de jaren dertig hadden de Britten het Palestinacertificaat ingevoerd met de bedoeling om de immigratie van Joden naar het beloofde land onder controle te houden. Deze Britse regering was pro-Arabisch en antizionistisch en dat werd tijdens de Tweede Wereldoorlog alleen maar erger. Aan Joden in de door de vijand bezette gebieden werden al helemaal geen certificaten verstrekt.

In Nederland werden allereerst pogingen gedaan om degenen die al vóór het uitbreken van de oorlog een certificaat hadden, alsnog het land uit te krijgen. Zo werd er door de Emigratie Afdeling van de Joodse Raad via het *Joodse Weekblad* van 30 oktober 1942, de deportaties uit Nederland waren al drie en een halve maand in volle gang, het volgende afgekondigd:

De emigratie afdeeling van den Joodschen Raad voor Amsterdam maakt bekend dat:
1. zij, die voor het uitbreken van den oorlog in het bezit waren van een certificaat voor Palestina,
2. minderjarige kinderen wier Ouders in Palestina wonen,
3. ouders, die kinderen in Palestina hebben en die tevens in het bezit van een certificaat. zijn of van een toezegging tot een certificaat,

zich kunnen melden bij de Emigratie afdeeling van den Joodsche Raad, Lijnbaansgracht 366, onder opgave van hun personalia en adressen van Ouders en kinderen in Palestina, benevens een korte omschrijving waaronder de familieleden naar Palestina zijn geëmigreerd (tijdstip, beroep enz.)

Het heeft geen nut dat peronen, die niet onder deze rubrieken vallen, zich melden. Om geen valsche hoop te wekken maken wij erop opmerkzaam, dat hier alleen een voorloopige registratie betreft, welke geenszins beteekent dat emigratie naar Palestina ook plaats zal kunnen vinden. Wij verzoeken deze opgave voorloopig alleen schriftelijk te doen, en wel zoo spoedig mogelijk. Zoo noodig zal bericht gezonden worden wanneer een mondelinge bespreking kan plaats hebben.'

'De Nederlanders in Palestina benoemden een commissie die lijsten opstelde met de namen van familieleden in Nederland. Iedereen gaf natuurlijk zo veel mogelijk namen op, niet alleen van familieleden, maar ook van vrienden en bekenden. De lijsten werden vervolgens aan de Engelse bestuurders overhandigd, met het dringende verzoek deze mensen alsnog een certificaat te verschaffen, opdat ze bij een eventuele uitwisseling uit de klauwen van de nazi's gered konden worden. Iedereen was ervan overtuigd dat er, al of niet vervalst, certificaten móésten komen en wel zo spoedig mogelijk.

Op het bureau van de Jewish Agency in Genève was de organisatie in handen van het echtpaar Pazner. Als de gegevens op de lijsten niet volledig waren, werden er koeriers Europa binnengesmokkeld, om de ontbrekende feiten te achterhalen. Levensgevaarlijk werk. Veel later pas ben ik gaan begrijpen waarom een volslagen onbekend iemand mij tijdens mijn werk in het Nederlands Israëlitisch Ziekenhuis aansprak en naar mijn volledige naam en geboortedatum vroeg.

Uitsluitend via het Rode Kruis was correspondentie met de bezette landen mogelijk. Het was dan ook op Rode Kruisformulieren dat de bevestiging van toewijzing van een certificaat werd verzonden. De Pazners vonden dat ze het zich niet konden permitteren om op de officiële nummering van de certificaten te wachten, nu iedere minuut er één was.

Daarom brachten ze een eigen rangorde aan.

'Het belangrijkste is, dat er een getal op het bewijs staat,' zo redeneerden zij.

Wij kregen onze Palestinacertificaten toen we nog in Westerbork zaten; voor velen kwamen ze te laat. Ook mijn ouders stonden op de lijst. Maar zij waren al vergast in het vernietigingskamp Sobibor in Polen, voordat hun certificaten arriveerden. De Duitsers wisten dat vele van die certificaten vervalst waren, maar dat interesseerde hen niet. Ze wilden een 'reservegroep' aanhouden van mensen die, als dat mogelijk was, uitgewisseld konden worden tegen Duitsers die in vijandelijk gebied vastzaten. Deze 'reservegroep' werd niet naar de vernietigingskampen afgevoerd maar naar Bergen-Belsen, een uitwisselingskamp. Iedereen hoopte niet naar Auschwitz, niet naar Sobibor te worden gestuurd, maar naar dat uitwisselingskamp, niet wetende dat ook daar duizenden zouden sterven van honger, van uitputting en aan besmettelijke ziekten.

In de 19^e eeuw ging een orthodox-Lutherse sekte, de Tempeliers, vanuit Duitsland naar 'het Heilige Land om de Heer te dienen.' Deze mensen stichtten met veel succes landbouwnederzettingen waar zij met hun gezinnen woonden, maar in hun hart bleven het Duitsers. Toen Hitler aan het bewind kwam, gingen vele mannelijke Tempeliers met achterlating van vrouw en kinderen naar Duitsland terug om in militaire dienst te treden. Bij het uitbreken van de oorlo werden hun familieleden geïnterneerd in Atlith, een kamp in de buurt van Haifa. Na enige tijd drongen de mannen erop aan dat hun vrouwen en kinderen naar Duitsland zouden komen, *Heim ins Reich*. Dat was het moment om uitwisseling te eisen met Joden die in een concentratiekamp werden vastgehouden en in het bezit waren van een Palestinacertificaat. Bij de onderhandelingen die volgden, waren het de Britten die voor vertraging zorgden. Maar de Duitsers wisten uiteindelijk toch te bewerkstelligen dat de uitwisseling plaatsvond.

Bij de eerste uitwisselingen in 1941 en 1942 hebben veel meer Duitsers Palestina verlaten dan dat er Joden met geldige certificaten tot Palestina werden toegelaten. Om deze onevenredigheid recht te trekken, werd later overeengekomen dat bij een volgende uitwisseling Joden numeriek in het voordeel zouden zijn. Uiteindelijk is, na vele strubbelingen en eindeloos gemarchandeer, een nieuwe uitwisseling in juli 1944 gerealiseerd. Die heeft 222 mensen van de dood gered.

De zestig Tempeliers die in een euforie Palestina verlieten, keerden terug naar hun vaderland. Op alle stations die tijdens hun treinreis door Duitsland werden aangedaan, haalde men ze als ware helden binnen, maar al direct bij aankomst in Stuttgart kwamen ze midden in een bombardement van de Engelsen terecht.

Door wie uiteindelijk de lijst van de uit te wisselen Joden is opgemaakt, zal wel nooit bekend worden. Waarschijnlijk iemand in Berlijn die dat zonder enige beredenering deed, want noch Ernst en zijn familie, noch mijn broer Jaap en zijn vrouw, noch mijn zuster Juul en mijn zwager kwamen voor op die uitwisselingslijst. Ik alleen stond erop.

Er ging een gerucht door Westerbork: de Duitse Gertrude, 'juffrouw' Schlottke, was in opdracht van de SS in het kamp gearriveerd, om de mensen te selecteren die voor uitwisseling naar Palestina in aanmerking zouden komen. Ik bad dat haar komst mijn redding zou zijn, dat ik die vreselijke dinsdagen nooit meer zou hoeven meemaken.

Ik kreeg een waarschuwing, waardoor mijn leven vrijwel zeker is gered.

'Denk eraan als je bij juffrouw Schlottke wordt geroepen en ze vraagt waar je ouders zijn, dan mag je onder geen beding zeggen dat ze al een paar maanden eerder naar het Oosten zijn doorgestuurd. Je moet haar in je beste Duits vertellen dat je ouders al heel vroeg gestorven zijn en dat je met de familie van je vriend naar Westerbork bent gekomen en tot zijn familie behoort. Juffrouw Schlottke zal je anders op de deportatielijst zetten, want haar motto is: "Wij willen het familieverband handhaven, dus sturen wij je naar je ouders."'

Gelukkig kostte het me weinig moeite haar te overtuigen bij wie ik hoorde. Ernst en ik waren voor alle zekerheid nog in Amsterdam in ondertrouw gegaan, in de veronderstelling dat we als aanstaand echtpaar minder snel uit elkaar gehaald zouden worden.

Er heerste onrust in het kamp. Geruchten gingen er om, altijd weer die geruchten, soms goede, meestal kwade. Maar dit keer werd een goed gerucht bewaarheid. De bezitters van Palestinacertificaten zouden binnenkort naar een ander kamp vertrekken, naar Bergen-Belsen, het uitwisselingskamp op de Lünenburgerheide in het noorden van Duitsland.

En inderdaad stapten wij, de uitverkorenen, in januari 1944 niet in beestenwagens, maar in een personentrein. Die stond weliswaar onder zware bewaking en werd grondig vergrendeld, maar we gingen op weg naar 'een betere toekomst.'

Voordat ik de trein instapte, keek ik nog eenmaal om. Wat lag er al niet achter me? Wat kon mij eigenlijk nóg meer overkomen?

BERGEN BELSEN

BRIEF VAN LIES (Elisheva) AAN BETTY

januari 1944

Lieve Adri,

Het is maandagavond tien voor twaalf. Dit wordt dan de laatste van de reeks brieven die ik je al die tijd heb gestuurd. De meeste heb je niet gekregen maar ik heb je trouw van alles op de hoogte gehouden en eigenlijk heb ik je zo veel te vertellen. Alles is vreselijk moeilijk en we hebben de laatste tijd zo veel meegemaakt dat ik niet weet waar ik moet beginnen.

Elisheva vertrekt morgen naar Bergen-Belsen in Celle, bij Hannover. Dat is een interneringskamp. Ze gaan met personentreinen en mogen alle bagage meenemen. Het is een heel verschil met de Auschwitztransporten waarvan vorige week nog duizend mensen in beestenwagens weggingen. Waarom dit verschil? Men zegt dat we daar gewoon post kunnen ontvangen dus als je wilt schrijven, kun je dat doen.

Freddy en zijn vrouw zijn al drie weken geleden naar Celle gegaan. Trude, Bubby, etcetera hadden toen uitstel omdat Jacques erg ziek was. Helaas is hij vorige week gestorven. Je kunt je niet voorstellen hoe erg dat is geweest en hoe ongelooflijk flink allen zijn. Dit zijn de dingen die je hier moet aanvaarden... Geen van allen vinden ze het erg dat ze weggaan, ook Elisheva niet. Ze hebben hier genoeg zorgen gehad en nu moeten ze maar opnieuw beginnen. Het leven was hier rot, vuil en vies en toch mooi. We hebben mensen leren kennen waar we ons hele leven wat aan hebben, maar we hebben ook de mieze kant van het leven gezien.

Kind, wat verlang ik naar een bed met veel dekens en echte lakens en een kussen onder je hoofd. Niet dat ik wil klagen, o nee, ik ben blij met mijn twee dekens en mijn slaapzak en mijn broodzak onder mijn hoofd, maar je kunt soms zo ongelooflijk naar die kleinigheden verlangen, zoals naar een wc waar je op kunt zitten. Ik 'hang' al drie maanden boven de wc, vermoeiend hoor! En dan een wc waar je alleen bent; in de huisjes zit je naast elkaar en in het washok, waar maar één wc is voor tweehonderd mensen, mag je pas na negen uur 's avonds gaan. Daar is geen schot omheen dus je begrijpt de gezelligheid. Gêne leer je hier wel af. Geen net praatje hè, maar het zijn de harde feiten.

Kon je hier ooit maar eens alleen zijn, dat is echt een onmogelijkheid: altijd maar mensen en nog eens mensen. De vijf minuten in de week dat je onder de douche staat, ben je alleen. Je moest eens weten hoe we daarvan genieten. Als alles weer in orde is, ga ik eerst slapen, veel slapen en lekker eten.

Doordat we geen pakjes meer mogen ontvangen, is het eten ook moeilijk geworden. Het is niet leuk om echt honger te hebben. Gelukkig heb ik er niet zo veel last van gehad tot nu toe, ik probeer me aan te passen. Toch huilde ik van de week van woede omdat ze me in het ziekenhuis geen rauwe wortel wilden geven. Had je ooit gedacht dat men daarom zou hui-

len? Het kan ver komen. Maar heus, je moet niet ongerust zijn hoor. Ik schrijf je zoals het werkelijk is en al lijkt het niet fraai, we houden het wel uit. We zijn alleen stukken ouder geworden.

Je vroeg me wat of ik heb gehad aan mijn duim? Een panaritium met lymphangitis en erisipelas of, gemakkelijker gezegd, een infectie waarin heel diep gesneden is onder narcose, bloedvergiftiging door de hele arm tot de oksel en toen nog wondroos erbij ook. Ik heb heel wat daagjes veertig graden koorts gehad, maar de verzorging was prima! Ik kan alleen nog steeds niet het topje van mijn duim gebruiken, maar verder ben ik het hele geval alweer vergeten.

Je weet dat Esther, de vrouw van Hans, kinderverlamming had en ook Roosje, het zusje van Juda? Zij had het heel erg maar knapt gelukkig op. Weet je dat ik door heel veel mensen hier wordt aangesproken, omdat ze me zo op mijn zusje vinden lijken? Jaap en zijn vrouw hebben certificaten gekregen en gaan over drie weken naar Celle. Ook voor Betty en haar man zijn er certificaten, ze staan op de vijfde lijst.

Wonderlijk als je hier nu rondkijkt in de barak. Het is zowat midden in de nacht, stil is het er nooit, er huilen altijd kinderen. Ik slaap driehoog in het middenvak, het lijkt wel een uitdragerij. Alle bagage die overdag op het bed staat, hangt nu aan de balken en steeds lopen er mensen naar het washok. Ik zit tamelijk goed in mijn kleren. Ik had alleen een jurk moeten hebben en een lange broek, maar verder heb ik alles. Je leert hier elkaar geven en zo veel mogelijk elkaar te helpen. '

Och, je kunt zelfs genieten als je wilt. De zonsop- en zonsondergang kunnen zo mooi zijn. Als Be piano speelt geniet je ook; we zijn nu zo gauw tevreden.

Als ik dit overleef, heb ik er iets voor mijn hele leven aan. Alleen, als ik er maar doorkom. En toch ben ik optimistisch. Wie weet hoe gauw we ons doel bereiken. Mijn schoonzusje houdt zich ook reuze flink en ik ben alleen bang dat er nog wel een reactie komt bij allemaal.

Heb jij ooit geweten dat het leven zo moeilijk kon zijn? Het erge is dat de grootste problemen voor ons gezin pas na de oorlog komen. Eerst vader en moeder zoeken, dan gaat mijn broer scheiden en mijn zwager ook. Maar mijn zuster zal daar nooit in toestemmen. Het is een mieze rotzooi en ik zal wel beter oppassen.

Het is nu dinsdagmorgen, over een half uur vertrekken we. Ik zit boven op mijn bed tussen de bagage in. Raar gevoel hoor! Alleen om jou vind ik het naar weg te gaan, maar hopelijk zien we elkaar heel, heel gauw.

Een heel stevige omhelzing en het allerbeste, je Lllllllllll.

De aankomst in Bergen-Belsen was als het ontwaken in een inferno. Schreeuwende, tierende Duitsers met grote, dreigende waakhonden stonden ons op te wachten.

Mannen apart, vrouwen en kinderen apart, onze bagage apart op een grote wagen – zo gingen we stil en verslagen het kamp binnen. Daar waren wij niet de enigen. Het krioelde er letterlijk van de nationaliteiten. Er was een apart kamp met Hongaarse Joden. Er waren Russische krijgsgevangenen. De meest mogelijke talen werden door elkaar heen gesproken; er heerste een complete Babylonische spraakverwarring.

Al spoedig beseften we: dit is geen Westerbork.

We werden zo snel mogelijk ingedeeld in het werk. Gelukkig kwamen de vrienden van de Hachshara opnieuw in de keuken terecht en ikzelf in het Revier, het zogenaamde ziekenhuis.

Twee keer per dag moesten we op appèl staan, vijf op een rij, weer of geen weer. Dat was een zware opgave. We werden geteld. Klopte de telling niet, dan begon men weer van voren af aan. Soms stonden we er urenlang, ook de zieken onder ons en velen werden ziek door de wind en regen.

De 'toiletten' waren buiten; een lange, smalle barak met gaten in de grond, zonder tussenschotten. Zelfs voor ons, die in Westerbork toch wel wat op dit vlak gewend waren geweest, was dat een gruwel. Maar wat doe je als er geen keuze is?

De bedden, driehoog boven elkaar, hadden alleen stromatrassen die we zelf moesten vullen. Welk een droevige reminiscentie aan de kampen van mijn jeugd welde toen in me op. Ik sliep bovenin met naast mij een vriendin. Al mijn bezittingen lagen op mijn bed, mijn rugzak diende als hoofdkussen.

Ik had slechts één deken die ik in Westerbork ten afscheid had meegekregen, om me in de ijskoude winternacht mee toe te dekken.

In mijn handtas zat mijn meest kostbare bezit; foto's waaronder één van mijzelf, genomen bij de familie Van der Weide in Sloten, met mijn gele ster al op. Hoe vrij was ik toen nog geweest in die heerlijke tuinderij van dat ínmenselijke gezin. Aan mijn ouders had ik geen enkele tastbare herinnering, behalve dan het kleine handwerkschaartje van moeder dat ik tot op de huidige dag koester en nog dagelijks gebruik.

De weinige kleren die ik had, bewaarde ik in mijn rugzak en op de deken had ik met grote letters mijn naam en geboortedatum geborduurd, want er werd om de haverklap gestolen. Een kledingstuk kon je nog wel weer eens tegenkomen, maar een stuk brood dat je zorgvuldig verborgen had gehouden, vond je nooit weer. En dat, terwijl alles om eten draaide als je wilde overleven.

Om twaalf uur 's middags schoven de vrouwen aan die 's ochtends gewerkt hadden, aan de lange eettafel die iedere barak bezat. Het 'middageten' werd opgediend in grote gamellen en bestond uit soep waarin men van alles verwerkt had, meest koolrabi en heel soms een stukje varkensvlees. Eerst waren de oude vrouwen en kinderen die niet werkten aan de beurt. Daarna de werkende vrouwen, die, iedere dag weer, uitgehongerd op hun schamele slobber aanvielen.

Na een uur moesten ze alweer op appèl staan en direct daarna aan het werk. Zelf at ik doorgaans in het Revier, maar op een middag, toen mijn dienst nog niet begonnen was, bleef ik in mijn barak eten. Ik keek naar die vrouwen, die zo'n trieste aanblik boden. Sommigen onder hen kende ik nog uit Amsterdam. Wat waren die gezichten veranderd. Zo oud geworden, zo wasbleek, zo zonder enige levenslust, met uitdrukkingsloze, diep in de kassen verzonken ogen; als geestverschijningen van mensen die er eigenlijk al niet meer waren.

En ik besefte dat wij jongeren, mijn vrienden en ik, het zoveel makkelijker hadden dan de ouderen. Wij droegen geen verantwoordelijkheid voor man en kinderen en we hadden een doel dat ons motiveerde om de moed niet te laten zakken. Wij behoorden tot de zionistische jeugdfederatie, wij steunden elkaar en zeiden met overtuiging: 'Na de oorlog gaan wij naar Palestina!'

Door de vreselijke omstandigheden van het kamp, die voor iedereen hetzelfde waren, vielen verschillen die vroeger de leden van orthodoxe en niet-orthodoxe Palestinaopleidingen gescheiden hadden gehouden volledig weg. Het merendeel had hun familie al verloren. Wij waren enkelingen, die in een volslagen vacuüm geleefd zouden hebben, als er niet door een en dezelfde situatie waarin we ons bevonden een groot verantwoordelijkheidsgevoel voor elkaar was gegroeid. We werden één familie. De vrienden van de Hachsjarah probeerden voortdurend, met gevaar voor eigen leven, om eten te 'organiseren' voor degenen die niet het geluk hadden in de keuken tewerkgesteld te zijn. Maar ik had een niet aflatende honger en daarom ontwikkelde ik mijn eigen strategie. Ik berekende dat er uit een etensgamel ongeveer 25 porties gingen en, aangezien de vaste stukken in de soep naar beneden zakken, ik me als laatste in de rij wachtenden aan moest sluiten. Van wie had ik in vredesnaam geleerd zo uitgekookt te zijn? Van mijn overlevingsdrang.

EEN NACHT IN BERGEN-BELSEN

Heel voorzichtig liep ik in het donker naar de ziekenbarak. De zuster die avonddienst had, zat gebogen aan tafel onder het zwakke licht van een lampje. Ze zag er doodmoe uit.

'Niets bijzonders,' zei ze. 'Vijf zieken zullen zeker de ochtend niet halen.'

Niets bijzonders! Een kwestie van routine. Toch, wie zouden sterven vannacht? Mannen, vrouwen, of kleine kinderen? Allen met een eigen nummer hier, maar ooit met een naam en eigenheid ginds?

Het gesteun van sommigen was duidelijk te horen, anderen waren te zwak om zelfs nog maar enig geluid voort te kunnen brengen. 'Slaap lekker,' zei ik tegen de zuster die de barak verliet.

Tijdens mijn opleiding had ik geleerd de afdeling over te dragen met een uitvoerig rapport over alle zieken en de medicijnwagen na te lopen, of alle medicamenten aanwezig waren.

Werkvergunning voor Lies in het kampziekenhuis (Revier)

Maar wie dacht daaraan nog in Bergen-Belsen, waar papier en medicijnen tot een vorig leven behoorden?

Het enige overgeblevene om het lijden van de patiënten nog enigszins te verlichten, was hun hand vast te houden, hen even in je armen te trekken, hun stromatras op te schudden en hen, ondanks jezelf, valse hoop te geven.

Maar al te vaak in die nachten in Bergen-Belsen glipte iemand weg zonder dat je er erg in had; er is zo heel veel stilletjes gestorven. We konden niet anders dan ze voor waardeloos laten liggen, totdat ze de volgende dag werden 'opgeruimd.'

Dadelijk daarop arriveerden nieuwe patiënten. Zonder uitzondering met de dood in de ogen.

Er was een grote ziekenbarak, daar in 'het uitwisselingskamp.' Aan de ene kant lagen de mannen, aan de andere de vrouwen en kinderen. Soms ook lagen ze door elkaar heen, maar er was niemand die zich daar nog om bekreunen kon.

Ik ging de rij langs.

Dokter P, een gerenommeerde arts, heel ernstig ziek, sliep gelukkig. Ik streelde hem zachtjes over zijn voorhoofd. De dag tevoren had ik minstens twee uur hand in hand met hem aan zijn bed gezeten, terwijl hij zonder ophouden praatte. Dat was zo'n wonderlijke ervaring geweest. Hij, de gereserveerde, altijd zwijgzame dokter, die van zijn gevoelens nooit blijk geven zou, vertelde nu over zijn diepe doodsangst aan een ternauwernood twintigjarig meisje. Alle verhoudingen waren geslecht. Het enige waar het nog op aankwam, was het diep in je binnenste verankerde stuk ootmoed en deernis naar boven te halen en daar zo veel mogelijk de ander blijk van te geven.

Misschien dat mijn geduldig luisteren hem heeft kunnen troosten. Hij vertelde over zijn jeugd in Duitsland, hoe hij het land na de Kristallnacht had moeten verlaten met vrouw en kinderen. Hij vertelde over zijn praktijk als arts in Nederland. Over zijn zonen. Dokter zijnde, wist hij dat hij niet lang meer te leven had.

Alvorens even uit te rusten, bezocht ik mijn patiënt Gideon. Dat was een heel zieke zestienjarige jongen die op eigen kracht niet meer kon staan. Hij wist dat ik nachtdienst had. Met een gelukkige glimlach op zijn witte gezicht verwelkomde hij me. 'Dag zuster, ik wachtte al op je.'
Ernaar vragen hoe hij zich voelde had allang geen zin meer, daarom omhelsde ik hem behoedzaam.

'Gaan we vanavond op reis?,' vroeg hij.

'Natuurlijk,' antwoordde ik, 'ik heb zelfs voor vliegtickets gezorgd.' Dat was ons spel tegen de dood en met het leven. Dus reisden we samen naar Parijs, naar Londen en bezochten de musea waar we over het werk van beroemde kunstschilders en beeldhouwers leerden. Al mijn middelbare schoolkennis deelde ik hem mee; aan die jongen die nooit in de gelegenheid was geweest een normale school te volgen en zo gretig, met de dood voor ogen, cultuur in zich op wilde zuigen. Maar andere patiënten wachtten en Gideon moest rusten. Daarom zei ik:

'Gideon, ik heb een verrassing voor je vandaag. Ik heb vliegtickets weten te bemachtigen naar een warm land, naar het zuiden van Spanje. Daar kun je heerlijk bij de zee in het warme zand liggen in de zon, dat zal je heel gauw genezen.'

'Maar ik ben bang om te vliegen,' zei hij nog.
Met de moed der wanhoop pakte ik zijn hand stevig in de mijne en zei: 'Doe je ogen dicht en wees niet bang. Jij mag bij het raampje zitten. Heb je jouw gordels om? Ik bén er.'
Met het beetje kracht dat hij nog had, kneep hij in mijn hand. We stegen op naar wolken en lucht en nog hoger, naar de eeuwigheid. Heel langzaam voelde ik hoe zijn hand de mijne losliet.
Ik ging aan de tafel zitten. De lamp boven mijn hoofd zwaaide op de tocht traag heen en weer en maakte schaduwen op de wanden. Ik was volslagen bevangen door de stilte en de dood

rondom. Onwillekeurig moest ik denken aan die laatste Jom Kippoer in Amsterdam in de herfst van 1942 toen ik bad voor degenen die we toen al verloren hadden en me afvroeg wat hen overkomen was. Maar waar was ík nu? Wat was er met míj gebeurd?

Eens, op een dag toen ik aan diezelfde tafel zat tijdens de middagrust, kwam er een jong schizofreen meisje uit haar bed en viel me van achteren aan. Met beide handen pakte ze mijn haar vast en trok me uit alle macht naar achteren. Tot mijn geluk liep er iemand buiten langs en hoorde mijn gekerm. De man rende naar binnen en sloeg het meisje met zijn broekriem net zolang totdat ze losliet. Maanden daarna had ik nog steeds last van hoofdpijn en sinds dat voorval was ik bang om alleen in de barak te zijn. Het meisje was mooi en leek doodnormaal, daarom wist je nooit wanneer haar aanvallen zouden komen. We vroegen ons af of we haar als patiënt nog wel konden handhaven en tot welk moment haar geestesgesteldheid voor de Duitsers te verbergen was.

Ik maakte maar weer mijn ronde om te zien of iemand iets wilde drinken, want dat was het enige dat ik als aanstaand verpleegkundige voor hen kon doen.

Plotseling ging de lamp kapot. Ik kon ternauwernood mijn weg vinden met het zaklantarentje dat ik altijd bij me droeg.

Ik vond mijn stoel en om de tijd te doden en mijn angst om de duisternis de baas te blijven, fantaseerde ik de uitvoering van een concert in mijn hoofd. Vanaf mijn twaalfde jaar, op mijn jeugdabonnement, ging ik met grote regelmaat naar het Concertgebouw. Klassieke muziek speelde een belangrijke rol in ons gezin, zoals bij iedereen in het Joodse Amsterdam van mijn jeugd. Het eerste muziekstuk dat ik zonder geluid ten gehore bracht was de veertigste symfonie van Mozart. Daarna volgde de vijfde symfonie van Beethoven die zo'n symbolische betekenis voor ons had gekregen vanwege de eerste akkoorden waarmee de Engelse radio tijdens de oorlog haar uitzending begon. Ik sloot mijn programma af met De Vier Jaargetijden van Vivaldi, met diens tedere, hoopvolle klanken van de Lente.

In de verte hoorde ik een hond blaffen, het teken dat de nachtcontrole in aantocht was. De deur werd geopend door een corpulente Duitser, in zijn hand een verblindend schijnende lantaarn.

'*Etwas zu melden*?' 'Heeft U iets te melden?'

'Nee,' antwoordde ik, 'alles is in orde.' Hij belichtte de hele ruimte totdat hij bij mijn tafel kwam staan.

'*Ach so, Sie sind es, Lies nicht*?' 'Ach jij bent het, Lies is het niet?' Ze kenden me allemaal bij de nachtcontrole. Ik was jong, ik probeerde altijd vriendelijk te blijven en ik sprak goed Duits. Hij keek naar de lamp, haalde uit zijn zak een kaars tevoorschijn en stak hem aan.

'*Dass ist ja besser*,' 'Dat is toch beter,' zei hij goedmoedig en vervolgde zijn weg.

Ik warmde mijn verkleumde handen boven de vlam van de kaars.

De donkere nacht liep ten einde. De dragers met hun brancards begonnen zwijgend aan hun bittere taak. De zusters van de dagdienst verschenen en ik haastte me naar buiten, de geuren van de nieuwe dag diep inademend.

De ziekenbarak lag in het mannenkamp. Het was er leeg en volmaakt rustig, want de mannen waren al heel vroeg naar hun werk vertrokken. Ik liep naar de barak van mijn vriend, vond zijn bed met daarop het briefje dat hij voor me had achter gelaten. Slapen in de vrouwenbarak was overdag een onmogelijkheid door het altijd aanwezige lawaai van kinderen.

Ik klom driehoog op het stromatras en viel meteen in slaap. Dat was één nacht, dat was één nacht in Bergen-Belsen.

Het gaandeweg onvoorstelbare is nu toch gebeurd. Wij zitten in een trein, in een gewone trein met zittingen en ramen. Vergrendeld, dat wel, maar Duitse soldaten laten zich niet zien. Als de trein op verschillende plaatsen onderweg stopt, staan ze rustig op het station te roken en met elkaar te praten, zonder zich ook maar een ogenblik met ons te bemoeien.

Onze groep bestaat uit tweehonderd mensen die allen Bergen -Belsen achter zich laten en op weg zijn naar de vrijheid van Palestina. De meesten zijn ouderen, op enkele families met kleine kinderen na – en wíj zijn er, zeven jonge vrouwen.

Vanaf het moment dat ik hoorde dat ik op de uitwisselingslijst stond, kon ik aan niets anders meer denken. Waarom sta ík juist op die lijst? Tegen wie gaan we uitgewisseld worden? Waarom? En altijd maar weer: Waarom ík alleen?

De onzekerheid begon op het moment dat we Westerbork verlieten en in Bergen-Belsen arriveerden. Ook van daaruit immers zijn mensen doorgestuurd naar Auschwitz en Sobibor. We wisten dat onze certificaten ons de enige kans boden om aan dat noodlot te ontkomen. Maar na onze aankomst in Bergen-Belsen raakten we al gauw weer zo geabsorbeerd door de dagelijkse strijd om het bestaan, dat we spoedig vergaten 'bevoorrecht' te zijn.

Totdat op een dag in juni in 1944 tijdens het dagelijkse appèl de Oberscharführer een lijst voorlas met 250 namen, ook die van mij. We kregen een halfuur de tijd om onze bezittingen in te pakken. Daarop bracht men ons over naar een andere barak in het kamp en daar werd ons verteld:

     'Jullie gaan naar Palestina.'

Dat was even moeilijk te verwerken, want we vroegen ons vertwijfeld af of die mededeling wel naar waarheid was. Het wás de waarheid.

Ik zag voornamelijk oude mensen om me heen, mensen die toch niet lang meer te leven hadden. Kennelijk hadden de

Duitsers jonge vrouwen nodig om die bejaarden te helpen tijdens de reis, want het wisselgeld moest natuurlijk wel gezond ter plekke komen. Daarom waren wij zevenen gekozen uit de honderden gevangenen die ook een certificaat hadden.

Heeft mijn onbedoelde keuze om in de verpleging te gaan, mij het leven gered?

De nieuwe barak bestond uit twee afdelingen, één voor de mannen en één voor de vrouwen. We hoefden niet te werken en er was slechts één keer per dag een vlot afgehandeld appèl. Het eten werd ook hier in gamellen aangevoerd. Onze communicatie met familie en vrienden liep via kleine briefjes die in de bovenkant van de gamel werden vastgeplakt.

Na een week of zes, juist toen we een beetje tot rust waren gekomen, werd er onverwacht appèl gehouden. Vijftig namen werden afgeroepen, vijftig mensen moesten uit de rij gaan en hun bezittingen inpakken. Zij werden teruggestuurd naar hun voormalige barakken. Veel later is het waarom daarvan ons duidelijk geworden. Er was een interneringskamp in Vitel in Frankrijk waar zich ook gevangenen met officiële Palestinacertificaten bevonden. Zij zouden zich in Wenen bij onze groep aansluiten, tenminste als er vijftig namen van onze lijst werden geschrapt. Het zijn maar enkelen van die vijftig teruggestuurde mensen geweest die de bevrijding hebben beleefd.

Nog weer later kwam de boodschap:

'Morgenochtend gaan jullie naar Palestina. Om zeven uur moet iedereen buiten paraat staan met alle bezittingen bij zich.'

Natuurlijk deden we die nacht geen oog dicht van alle emoties en daar kwam bij dat er onophoudelijk vliegtuigen overvlogen waardoor het luchtalarm voortdurend afging. We hoorden de bommen als het ware vallen. De Engelsen zouden toch niet juist die nacht het kamp gaan bombarderen?

Om zeven uur stonden we de andere ochtend gepakt en gezakt klaar. Tevergeefs. *Die Reise ist um etwas verschoben,'* heette het, 'de reis is om de een of andere reden uitgesteld.' Niet het kamp, maar de spoorbaan was kapotgebombardeerd.

De volgende dag waren we terug in onze oude barakken.

Het klinkt niet erg aannemelijk, maar ik was zielsblij terug te zijn. In wezen wilde ik bij mijn familie en vrienden blijven, ik wilde niet van hen weg. Maar Ernst en velen met hem hadden mij overgehaald met de woorden 'misschien kun jij ons redden!' Zij hadden een lijst opgesteld van namen en adressen van mensen die in Nederland in de illegaliteit werkten. Die zou ik op de hoogte moeten brengen van alles wat gaande was en om acute hulp vragen.

Weer ging een maand voorbij en we waren onze certificaten al weer half vergeten toen we plotseling, midden in de nacht, werden gewekt. Met uitsluitend kleren als bagage moesten we binnen het uur buiten de barak zijn aangetreden.

Het was een doodstille zomernacht, bij uitzondering zonder het gedreun van bommenwerpers. In mijn rugzak zaten de weinige kleren die ik bezat en in mijn handtas alles wat mij dierbaar was, zoals de paar foto's en het naaischaartje van mijn moeder. Maar daaraan was nu ook die lijst met de namen van verzetslieden toegevoegd. Toen ik zag hoe nauwkeurig onze bezittingen werden nagekeken, zocht ik naar een mogelijkheid om die lijst uit mijn tas te krijgen. Bij één van de tafels waar de goedgekeurde bagage met wit krijt van een kruis werd voorzien, stond een Scharführer, die mij iedere dag als ik door de controle via het mannenkamp naar het ziekenhuis wandelde, vriendelijk begroette met de woorden 'Gute Morgen, Lies.' Aardig naar hem lachend pakte ik ongezien een stuk krijt weg en zette, verborgen achter mijn rugzak, een wit kruis op mijn handtas.Toen ik aan de beurt was, gooide ik vliegensvlug, alsof die van mijn voorganger was, mijn handtas naar de andere kant van de tafel en drukte mijn rugzak onder de neus van de controlerende SS'er.

Nadat alles onderzocht was, konden we onze spullen uit de berg van rugzakken en tassen vissen. Er viel een last van me af. De lijst en mijn weinige gedachtenissen waren gered.

Nog steeds midden in de nacht, we hadden van niemand afscheid kunnen nemen, gingen we te voet naar het station in Celle, ruim tien kilometer verderop. Degenen die zwak ter been waren, werden met een vrachtwagen vervoerd.

We kwamen aan bij een leeg station. Daar kreeg iedereen een stuk brood met worst, voor onderweg. Het smaakte ons als een godenmaal na al die maanden waterige soep.

Onder ons bevond zich een gezin met vier kinderen. De ouders waren voor het blok gezet van een soortement Salomonsoordeel, want hun oudste, zestienjarige zoon lag doodziek in een speciale barak met tuberculose in een vergevorderd stadium. Het was onbestaanbaar dat hij de lange reis zou doorstaan. Moesten zij hem nu alleen achterlaten en de rest van de familie redden, of de kans op redding voorbij laten gaan en met elkaar in het kamp blijven? De ouders koesterden de stille hoop dat, mocht hij de reis toch overleven, hij in Palestina de nodige verzorging zou kunnen krijgen. Het bevrijdende woord kwam ten slotte van niemand minder dan de aanwezige SS-dokter.

'Haal hem hier weg,' zei hij. 'Hier leeft hij niet lang meer, misschien is hij daarginder nog te redden.'

De doodzieke jongen werd op een brancard gelegd en naar de trein gebracht. We maakten zo goed en zo kwaad als het ging een bed van lappen voor hem. Ik weet niet meer hoe vaak ik niet langs hem ben gegaan, om te zien of hij nog leefde.

Tot onze grote verbazing echter bleek, dat hoe dichter wij ons einddoel naderden, des te groter zijn wil werd om Palestina levend te bereiken. Steeds langer werden de perioden dat hij met open ogen lag en zijn adem ging dieper. Bij aankomst werd hij regelrecht naar het Tuberculose-ziekenhuis, hoog in de bergen bij Safad, gebracht. Lange tijd bleef hij er onder behandeling, maar wat voor onmogelijk gehouden was, gebeurde: hij is er uiteindelijk als volledig genezen patiënt ontslagen. In de trein hadden we alle ruimte. 's Nachts sliepen wij op de banken en in enkele coupés kon er zelfs een bed worden uitgetrokken, bestemd voor de oudste en zwakste mensen. De paar kleine kinderen die er onder ons waren, werden in de bagagenetten te slapen gelegd.

Wij reisden door nazi-Duitsland. De trein stond onderweg om de haverklap stil bij de puinhopen die de bombardementen hadden achtergelaten.

De eerste dagen zaten we, onbekend voor elkaar, maar wat stilletjes naar buiten te kijken. Daar waar men niet gebombardeerd was, leek het leven gewoon verder te gaan alsof er geen Jodenster, geen Westerbork, geen Bergen-Belsen bestond. De bloemen bloeiden overal, koeien stonden vreedzaam in groene weiden en we hoorden de vogels tjilpen en zingen. Was dat dezelfde wereld die ons, Joden, verlaten had? Langzaamaan begonnen we wat meer toenadering tot elkaar te zoeken. Over hetgeen we achter ons lieten, spraken we niet. Daarover viel een stilte die voor velen nooit meer verbroken zou worden. Nee, we spraken over de toekomst! Hoe zal het leven in Palestina zijn, hoe zal het ónze daar worden?

Via München reisden we naar Oostenrijk, waar we op een namiddag in Wenen aankwamen. Grote autobussen stonden gereed om ons naar het opvangcentrum voor daklozen te brengen, een groot gebouw met meerdere etages. Op de hoogste verdieping werden we opgewacht door mensen van het Rode Kruis. Tot op dat moment waren we nog steeds in het onzekere over het eindpunt van de reis. Zouden we inderdaad naar Palestina worden gebracht of voerde men ons in het geniep toch naar een vernietigingskamp af ? Toen we echter de leden van het Rode Kruis zagen, viel alle angst weg. Het was werkelijkheid geworden: we gingen de vrijheid tegemoet.

Ieder kreeg een warme maaltijd en een eigen bed. Mét lakens en mét een kussen.

Maar ik had geen rust. Ik moest de hele tijd denken aan het verzoek van de vrienden uit Bergen-Belsen om de ondergrondse in Nederland zo snel als mogelijk was van hun nijpende situatie op de hoogte te stellen. Daarom vroeg ik om pen en papier en begon, heel voorzichtig in het formuleren van mijn woorden vanwege de censuur, talloze brieven te schrijven. Maar hoe die te verzenden?

Ik trok mijn verpleegstersuniform aan, haalde de gele ster eraf en daalde, voorwendend bij het Rode Kruis te horen, de trappen af naar beneden, de straat op. Dat was een ongekende gewaarwording, vrij rond te lopen en nog wel in die prachtige stad waar ik nooit eerder was geweest.

Op een hoek stond een jongeman die ik in mijn schoonste Duits de weg naar het postkantoor vroeg. 'Dat is allang gesloten,' antwoordde hij. We raakten aan de praat. Hij bleek een Tsjech te zijn die als arbeider in Wenen werkte. Ik maakte hem wijs dat ik in Rode-Kruisverband maar slechts kort in de stad was en geen tijd had om de brieven de volgende dag te posten. Dus of hij zo vriendelijk wilde zijn dat voor me te doen. Ik gaf hem alle Duitse munten die ik bezat en ten overvloede een paar sigaretten die Ernst me had meegeven 'voor noodgevallen.' In Bergen-Belsen kregen de jongens van de keuken eenmaal per maand enige sigaretten die zorgvuldig bewaard werden, om ze met iets anders te verruilen.

Alle brieven hebben Nederland bereikt. Dat heeft de Joden in Bergen-Belsen niet kunnen redden, maar men wist nu wel en uit de eerste hand wat zich daar afspeelde.

Teruggekeerd naar het gebouw werd ik geconfronteerd met de aankomst van grote vrachtwagens afgeladen met mannen, vrouwen en kinderen, allemaal met een gele ster op hun kleding. Onder het eeuwige geschreeuw van nazi's werden ze op de binnenplaats van het gebouw de wagens uitgedreven.

Hongaarse Joden waren het, de zich op eigen initiatief toege-
ëigende 'speeltjes' van Eichmann, op weg naar Auschwitz.

Buiten zichzelf, in grote verwarring of angstig huilend dromden ze samen. Ik stond aan de grond genageld. Wat kon ik,
Lies Polak, de bevoorrechte, doen?

De Hongaarse Joden verbleven beneden onder zware bewaking van SS'ers, wij op de bovenste verdieping onder de bescherming van het Rode Kruis. Zij waren op weg naar gevangenschap en dood, wij naar de vrijheid en het leven.

De volgende dag hervatten we onze tocht. We overschreden
de grens met Hongarije, maar toen onze trein Budapest wilde
binnenrijden, bleek het station door een bombardement ver-
woest te zijn. Met heel veel oponthoud en onder voortdurend
luchtalarm ging het ten slotte naar Bulgarije toe. Daar was het
voor het eerst van mijn leven dat ik, komende uit het vlakke
Nederland, bergen zag. In Bulgarije maakten we ook, sinds
lange tijd, de sensatie van verlichte steden mee en vooral de
hoofdstad Sophia met haar Wituchaberg, hoog boven de stad
uittorenend, maakte op mij een onuitwisbare indruk.

Bulgarije is het enige Europese land waar de Joden tijdens de
Tweede Wereldoorlog niet zijn gedeporteerd. Koning Boris,
de kerk en de Bulgaarse bevolking weigerden de joodse medeburgers naar de gereedstaande treinen te transporteren.

Het heeft koning Boris zijn leven gekost, want de dag nadat hij
een verklaring had ondertekend waarin hij er pertinent van
afzag om zijn joodse bevolking af te laten voeren, bleek hij te
zijn overleden. Maar alle 50.000 Bulgaarse joden overleefden
de nazi-terreur, een unicum in Europa, dat door het unicum
onder de vorstenhoven hoogstwaarschijnlijk met de dood is
bekocht.

Het was een prachtige dag toen we op woensdagmorgen 7
juli 1944 na vier landen doorkruist te hebben, ten slotte zeven
dagen na ons vertrek uit Bergen-Belsen Turkije binnenkwa-
men en Constantinopel bereikten.

Vertegenwoordigers van het Rode Kruis, Turkse en Zwitserse diplomaten ontvingen ons en schrokken zichtbaar toen ze de vervuilde, uitgemergelde mensen uit de trein zagen stappen. We werden rechtstreeks overgebracht naar een plezierboot die rustig op de Bosporus dobberde. De hele Bosporus werden we overgevaren, maar bij de overkant aangeland, keerde het schip en voer weer terug. Tot onze schrille verbazing herhaalde zich dat enige malen. Wij begrepen er niets van. Het was weliswaar heerlijk zo op de Bosporus te deinen, maar we hadden onze lange reis toch niet gemaakt om de ganse dag op een plezierboot rond te varen en naar de moskeeën en het diepblauwe water te kijken.

Pas vele jaren later hebben we begrepen dat de uitwisseling op de Bosporus zélf had moeten plaatsvinden. Toen echter bleek dat er meer Joden uit Bergen-Belsen waren aangekomen dan dat er Tempeliers naar Duitsland zouden gaan, brak er onenigheid uit en moest er urenlang onderhandeld worden. Bovendien kwamen de vrouwen en kinderen van de Tempeliers, die wij overigens nooit te zien hebben gekregen, te laat in Constantinopel aan.

Maar aan het eind van de dag werd dan toch eindelijk het sein gegeven dat we op de andere oever, aan de zuidkant van de Bosporus, de boot af mochten. Daar stapten we in een trein die bewaakt werd door soldaten, geen Duitse, maar Engelse, die uit Palestina waren gekomen om ons te begeleiden. Ze probeerden van alles om het ons zo aangenaam mogelijk te maken. Zo kregen we een uitgebreid avondmaal voorgeschoteld met gebakken eieren waar helaas iedereen doodziek van werd. Niemand kon meer een normale maaltijd verdragen.

De trein koerste langzaam in zuidelijke richting, parallel aan de zee, eerst door Syrië en vervolgens door Libanon. Het was een wondermooie route met steeds een prachtig uitzicht op de Middellandse Zee. Langs witte rotsen ging het en door een

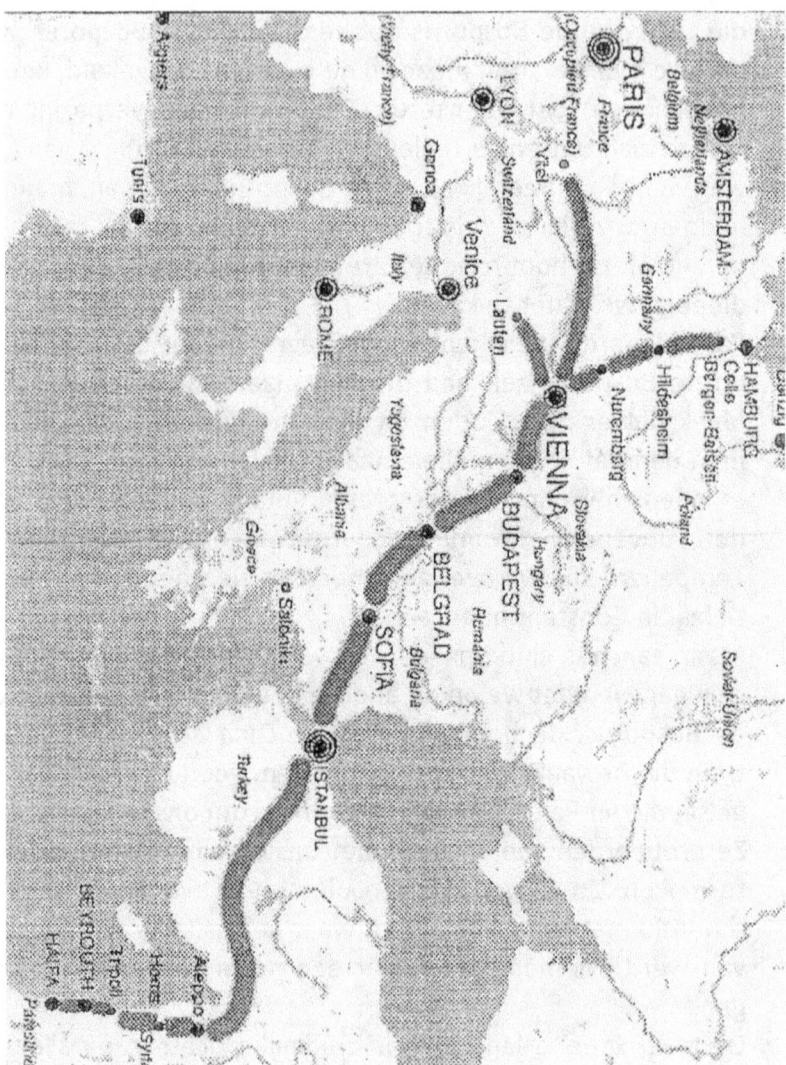

De route van Bergen-Belsen naar de vrijheid in Palestina!

tunnel waarop de Arabische woorden Ras el Nakura stonden geschreven. In het Hebreeuws betekent dat Rosh Hanikra.

'Jullie zijn in Palestina', kwamen de Engelse soldaten ons vertellen. Ontroerd stonden we als één man op en hieven het Hebreeuwse volkslied, Hatikwa, De Hoop, aan. Nou ja, we huilden het meer dan dat we het zongen.

Op weg naar Haifa stonden er veel mensen langs de spoorweg. Zij hadden gehoord dat er overlevenden uit Europa zouden komen en gooiden ter verwelkoming armen vol sinaasappelen door de open ramen naar binnen.

In Haifa konden we niet blijven, omdat men bang was dat wij mogelijk besmettelijke ziekten bij ons droegen. Daarom werden we voorlopig in quarantaine gehouden in een kamp in Atlith waar, ironie van het lot, de uitgewisselde Tempeliersvrouwen vóór ons geïnterneerd waren geweest.

Ik had geen ouders meer, geen enkel familielid om me heen. Helemaal alleen was ik terechtgekomen in een andere wereld, met een ander klimaat, met louter onbekende mensen die bovendien een volslagen andere taal spraken.

Maar mijn droom was in vervulling gegaan. Ik was veilig. Ik kwam definitief 'thuis.'

SAMEN ONDERDUIKEN

BETTY

In het begin van de zomer van 1944 lukte het Philip en mij om midden in Nederland in het dorpje Lage Vuursche een onderduikplaats te vinden bij een kunstenaarsechtpaar met een hele schare kinderen.

Zij bewoonden een groot huis met veel grond eromheen waarop zij groenten verbouwden. Ikzelf ging er het huishouden doen, terwijl Philip meehielp op het land. Ideaal was het allesbehalve, maar we waren tenminste samen. Ondanks de arbeid die we er deden, moesten we voor ons verblijf behoorlijk betalen en wel zodanig dat ik gedwongen was om mijn laatste sieraden te verkopen. Ik maakte me in die tijd diepe zorgen om Lies die vanuit Westerbork naar Bergen-Belsen was gedeporteerd. Aan het lot van mijn ouders, van wie ik nooit meer enig teken van leven had ontvangen, durfde ik helemaal nauwelijks te denken.

Het was er onaangenaam, ondanks de prachtige uitgestrekte bossen en landerijen van de Lage Vuursche.

Overspannen schreeuwde de vrouw des huizes mij eens toe:

'Ik heb je nog nooit zien lachen, doe daar eens iets aan!'

Oprecht verbaasd antwoordde ik: 'Maar is er dan nog iets in deze wereld waar ik om zou kunnen lachen?'

Al in de nazomer hielden we het er niet langer uit. Niet alleen omdat we er ontzettend hard moesten werken en een kostgeld betalen dat we eigenlijk niet op konden brengen, maar ook omdat we ons verblijf buiten in een oud kippenhok meer dan beu waren.

Het was de druppel die de emmer deed overlopen, toen bleek dat het echtpaar een geheime boodschap waarin het tijdstip werd doorgegeven waarop we met een transport naar Frankrijk zouden kunnen vertrekken, had achtergehouden. Voor ons het ultieme bewijs dat deze mensen niet alleen van ons profiteerden, maar ook niet langer te vertrouwen waren.

Intussen hadden we contact weten te leggen met Joep Huffener, die in de illegaliteit zat. Hij woonde in Bilthoven op het uitgestrekte, door hekken afgesloten terrein van het sanatorium Berg en Bosch, waar zijn vader directeur was.

Midden in de nacht slopen wij weg. We konden net zolang in het sanatorium blijven totdat voor ons allebei een andere plek was gevonden.

Philip werd secretaris van Kees Boeke, de befaamde oprichter van de eerste Vrije School, De Werkplaats, waar ook de Nederlandse prinsessen Beatrix en Irene hun lagere schoolopleiding volgden. Kees Boeke en zijn vrouw Beatrice waren mensen die, met name tijdens de bezetting, hun leven volledig in dienst van de medemens stelden. Al voor de oorlog uitbrak, zette Kees Boeke in 1939 een organisatie op die hulp bood aan Joodse kinderen die uit Duitsland waren ge-

Beactrice en Kees Boeke in 1936

vlucht. Tijdens de oorlogsjaren organiseerde het echtpaar lessen voor die kinderen die De Werkplaats gedwongen hadden moeten verlaten en bij medewerkers waren ondergedoken, om ze later, onder een gefingeerde naam weer op te nemen.

Voor de medewerkers van De Werkplaats was er een apart huis beschikbaar, daar kwam Philip terecht. Hij kreeg er een ruime kamer op de begane grond aangeboden. Niemand kende zijn ware identiteit.

Het huis lag niet ver van de villa in de Hercules Segherslaan vandaan, waar ik als dienstmeisje werkte, zodat we elkaar regelmatig konden ontmoeten.

In die verrukkelijke nazomer trokken we zo vaak als maar enigszins mogelijk was de bossen in waar we eetbare paddestoelen zochten ter aanvulling van het karige menu. Wat hebben we genoten van het ongestoorde samenzijn daarna in de herfstbossen rond Bilthoven met de wereld in tinten rood, bruin en geel en overal vogels. Ieder moment was zo kostbaar. Dat beseften we in stijgende mate toen steeds meer droevige berichten over onze families ons bereikten. De ouders van Philip, die naar wij dachten zo degelijk ondergedoken zaten, werden verraden. Na een periode van gevangenschap werden ook zij gedeporteerd.

In die sombere tijd kwam ieder positief bericht als manna uit de hemel. Zo ontving ik via een contactadres, na lange, lange omzwervingen, een briefkaart met het handschrift van Lies. De kaart was in Wenen gepost en uit haar omzichtige woorden kon ik opmaken dat ze bevrijd was uit Bergen-Belsen en op weg naar Palestina. De vreugde die toen in me opwelde laat zich niet beschrijven. Mijn jongste zusje zou in leven blijven! Zou het dan toch nog mogelijk worden om familieleden terug te zien als ik die vreselijke oorlog zou overleven?

In Bilthoven werd Philip actief in het verzet. Als militair kon hij een eigen bijdrage leveren. Zo kreeg hij de leiding over een kleine zogeheten knokploeg van acht mannen.

Hij stond bekend als iemand die altijd beheerst overkwam en nooit zijn mond voorbijpraatte. Zelfs ik wist nauwelijks waar hij zoal mee bezig was.

De organisatie van de Binnenlandse Strijdkrachten in Nederland had een aantal vernielingen beraamd van de spoorlijn waarover de beruchte V-1's en V-2's vanuit Duitsland naar het westen werden vervoerd.

Op de avond van 7 november 1944 zou de groep uit Bilthoven explosieven op de spoorbaan plaatsen bij Groenekan, een plaats tussen Utrecht en Bilthoven. De zaak was goed voorbereid. Philip die de leiding had en een van de andere jongens,

Mach Balk, waren er in het donker op de fiets naartoe gegaan. Joep Huffener kwam te voet.

De aanslag mislukte, naar alle waarschijnlijkheid door verraad. Tijdens het plaatsen van de springstof op de spoorbaan werden zij verrast door een patrouille. In het daaropvolgende vuurgevecht werd Mach Balk in zijn onderlichaam geschoten. Philip en Joep wisten te ontkomen, Joep door zich in het ijskoude water van een sloot te laten zakken waardoor hij een dubbele longontsteking opliep. Philip had mij bij uitzondering over het plan van de aanslag verteld.

's Avonds wachtte ik hem vol spanning op. Toen hij in vliegende haast binnenstormde en me van de mislukking vertelde, was het duidelijk dat hij onmiddellijk vertrekken moest. Juist op dat moment kwam een van de huisgenoten, verlegen om een praatje, aan de deur. Op van de zenuwen probeerden we haar weg te krijgen, maar het was al te laat. Het huis was geheel omsingeld.

Hoe de Duitsers de gewonde Mach aan het praten hebben gekregen, zal wel nooit bekend worden. Hij werd naar de *Sicherheitsdienst* aan de Rubenslaan in Bilthoven overgebracht en onder dwang verhoord. Pas na de oorlog tijdens mijn naspeuringen in de archieven kwam ik te weten dat hij nog een dag geleefd heeft en in Fort De Bilt in Utrecht op 9 november is doodgeschoten. Hij was pas negentien jaar.

Behalve Philip en ik werden alle mensen die zich op dat ogenblik in het huis bevonden afgevoerd naar de post van de landwacht aan de Soestdijkseweg. Ook Kees Boeke en zijn vrouw werden thuis gearresteerd.

Diezelfde nacht vonden de eerste verhoren plaats, die voor Philip heel slecht verliepen. Terwijl ik uren moest wachten, hoorde ik in de ruimte naast mij de slagen, de kreten, het vloeken, het kermen. Hij werd zwaar mishandeld. Machteloos zat ik daar, met mijn gezicht in mijn handen verborgen, opdat niemand zou zien hoe groot mijn ontsteltenis en angst waren.

Prompt kreeg ik een hevige aanval van diarree. Aanvankelijk ging er een bewaker mee naar het toilet, maar na de vierde keer lette men niet meer op me. Ik overwoog mijn valse persoonsbewijs door de wc te spoelen, maar besefte dat dát wel heel onverstandig zou zijn.

Toen het eindelijk mijn beurt was om verhoord te worden, moest ik met mijn gezicht naar de muur gaan zitten en met mijn rug naar de Nederlandse ondervrager die zich wijselijk niet kenbaar wilde maken.

'Geef je persoonsbewijs,' zei hij kortaf.

Ik reikte het hem over mijn schouder aan.

Na een eeuwigheid van stilte, geritsel van papieren en geschuifel van voeten, riep de man uit:

'Hoe kom je aan dit valse persoonsbewijs?'

Een mokerslag op mijn hoofd had me niet harder kunnen treffen, ik was sprakeloos. Het spel was uit. 'Nou, komt er nog wat van?' blafte de man. 'Hoe kom je eraan?'

Opeens kreeg ik, misschien door zijn intonatie, het gevoel dat hij niet zeker van zijn zaak was. Nu is het erop of eronder, zei ik in mezelf.

'Nou, net zoals jij aan je persoonsbewijs gekomen bent,' schreeuwde ik brutaal terug.

'Jij hebt geen "jij" te zeggen,' brulde hij me toe, waarop ik riep: 'Oh nee? Als jij "jij" zegt, doe ik dat ook.'

Er werd papier in de machine geschoven en glashard, mijn meest mogelijke zelfvertrouwen uitstralend, ging ik op alle vragen in. De volgende morgen werd ik in een personenauto, door drie politiemensen begeleid, naar de gevangenis in Utrecht aan het Wolvenplein overgebracht.

De medewerkers van De Werkplaats waaronder ook Kees en Beatrice Boeke, zijn na enige dagen vrijgelaten toen bleek dat zij niets met de aanslag te maken hadden en niet op de hoogte waren geweest van het feit dat Philip Joods was.

In de gevangenis werd ik alleen in een cel geplaatst. Goddank alleen, ik had op dat moment het gezelschap van anderen niet kunnen verdragen.

Het was november en koud. Rillend viel ik van uitputting in slaap om opgeschrikt te worden door de diepe klanken van de Domtoren. 'Gevangeniscel,' mompelde ik in mezelf. 'Torenklok luidt tien slagen. Weer een lange nacht.'

De Wolvenplein gevangenis

In de gevangenis heb ik veel geluk gehad. De Duitse vrouwelijke opzichter was ziek en het Nederlandse personeel deed er alles aan om de omstandigheden zo leefbaar mogelijk te maken.

De enige lectuur die was toegestaan waren een protestants gebedenboek waar ik om had gevraagd en een Bijbel. Die hebben mij door vele moeilijke uren heen geholpen. Vooral het lezen van het gebedenboek en de prachtige psalmen van David, waren een weldaad. Zij gaven mij kracht en ik begon in te zien dat de christelijke leer niet alleen tot pogroms hoefde te leiden, maar juist naastenliefde uit wil dragen.

Het eten in de gevangenis in Utrecht was aanmerkelijk beter dan in het westen van het land waar de 'hongerwinter' in het verschiet lag en het voedsel nog maar voornamelijk bestond uit suikerbieten en bloembollen. Ook ontvingen we pakjes van het Zweedse Rode Kruis met de inmiddels ongekende luxe van een stukje roomboter en kaas.

De bewakers zorgden dat er contact met Philip kon worden gemaakt die op dezelfde verdieping, maar dan op de mannen-afdeling, zat. Was ik met anderen in een cel geweest, dan zou dat nooit hebben gekund.

Hoe gevaarlijk het contact met andere gevangenen kon zijn, bleek me een keer tijdens het luchten op de binnenplaats.

We moesten in een lange rij achter elkaar lopen, met elkaar spreken was verboden. Er waren die dag nieuwe gevangenen binnen gebracht, Joodse vrouwen die waren opgepakt. Plotseling hoor ik achter me: 'Jij bent toch Betty Polak?'

Ik verstijfde en volhardde in een absoluut zwijgen en schudde alleen maar even met mijn hoofd van 'néé.' Ik schaamde me voor mijn gedrag. Misschien had ze mij om raad willen vragen. Maar wat kon ik anders doen?

Bij de verhoren die ik onderging, kon ik mij baseren op hetgeen de bewakers mij van de antwoorden van Philip vertelden. De laatste ondervraging, na een dag of tien, was de meest cruciale, vooral ook omdat men wilde weten hoe lang Philip en ik elkaar kenden. Die verhoren in een fraai huis aan de Maliebaan in Utrecht dat had toebehoord aan de ouders van Joodse kennissen, navranter kon het niet, werden door mensen van de gevreesde *Sicherheitsdienst* afgenomen.

Maliebaan no. 74 in Utrecht.
De boulevard kreeg de bijnaam
"Unter den Linden".

Er was een enorme kelder waar de arrestanten op hun beurt moesten wachten. De eerste vijf dagen van zijn gevangenne-ming werd Philip 's ochtends al heel vroeg uit zijn cel gehaald om er pas 's avonds laat terug te keren. Daardoor kreeg hij vijf dagen lang noch te eten, noch te drinken.

Zelf heb ik alles bijeen niet langer dan enige uren in die kelder moeten verblijven.

Toen ik uiteindelijk naar de hoogste commandant werd gevoerd, welgedaan gezeten in een riante kamer met uitzicht op de bomenrijke Maliebaan, was zijn eerste vraag:

'*Wie lange kennen Sie der Jude*?' 'Hoe lang kent u de Jood?'

Stomverbaasd antwoordde ik: 'Jood? Ik ken helemaal geen Joden.'

Maar hij hield vol. 'Jawel, die ken je zeker wel: Philip de Leeuw.'

Philips echte naam! Ik zei dat ik wel een Philip kende, maar dat die Van Andel en niet De Leeuw heette.

Philip had hen gezegd dat we elkaar ongeveer een jaar kennen. Ik rekte mijn antwoord zo lang mogelijk. Daarop barstte de commandant uit in een vloed van verwensingen over de ondeugden van Joden en bezwoer me nooit meer met dat uitschot om te gaan.

Hierna kon ik terug naar mijn cel.

Opeens was mijn bravoure geheel verdwenen. De wanden kwamen op me af, de eenzaamheid was wurgend. Urenlang bonkte ik wanhopig met mijn vuisten op de ijzeren deur, huilend, schreeuwend: 'Laat mij eruit.'

Maar niemand reageerde. Ten slotte kwam ik tot het besef dat mij niets anders restte dan mijn gevangenschap te aanvaarden en te berusten in het onvermijdelijke.

Na een paar dagen echter kwam een gevangenisbewaarder mij opgewonden vertellen dat ik zou worden vrijgelaten. Hoe snel daar een nieuwtje de ronde deed, is me nog altijd een raadsel. Op de binnenplaats waar ik voor de laatste keer werd gelucht, kreeg ik met de hulp van een der bewakers, diverse briefjes door medegevangenen toegestopt, die ik later in mijn schoenen en tussen mijn kleren verborg. Ook hadden bewakers ervoor gezorgd dat ik het afscheidsbriefje dat Philip mij geschreven had, in handen kreeg. Een kostbaar kleinood; we wisten immers beiden dat zijn dagen waren geteld.

Al mijn bezittingen kreeg ik terug, ook mijn valse persoonsbewijs en een ontslagbewijs met daarop een duidelijk ogend Duits stempel. Dit document werd mij bij mijn vertrek door de Duitse commandant persoonlijk overhandigd met de waarschuwende woorden:

'Denk erom dat jij je nooit meer inlaat met mensen die in de illegaliteit zitten!'

Ik dacht: *man, je moest eens weten wat er allemaal aan illegaals voor je neus staat.*

Net toen ik de kamer uit wilde gaan, hield hij me tegen. Hij stak zijn hand naar me uit en zei zoetsappig:

'Nu heb je nog de gelegenheid mij de briefjes te geven die je hebt ontvangen. Geef ze nu maar, dan zal je niets gebeuren.'

Het liefst was ik ter plekke door de grond gezakt, maar het lukte me luchtig te antwoorden dat ik echt niet zo stom was om mijn vrijheid in de waagschaal te leggen voor zoiets als het smokkelen van andermans briefjes.

Toen stond ik buiten, volslagen alleen en diep ongelukkig. Het liefst was ik op mijn schreden teruggekeerd. Ik wilde niet vrij zijn, ik wist absoluut niet wat ik met die vrijheid aan moest. Philip bleef achter en ik was al mijn contacten kwijt. Ik stond daar maar voor die grote gevangenispoort, in de november-kou, niet in staat ook maar een stap te verzetten.

Een Duitse, op wacht staande soldaat kwam naar me toe. Hij kende mij van de ritjes naar mijn ondervragers.

'Ben je vrij?,' vroeg hij en toen ik onbestemd knikte, zei hij recht uit zijn hart 'Wat fijn voor je.'

Toen kon ik mij niet meer goed houden en riep dat mijn leven vernield was en dat niets er meer toe deed. Maar die oude, meelevende Duitser begon op me in te praten:

'Er komt een einde aan de oorlog. Je bent jong en je hebt nog een heel leven voor je. Ga hier vandaan.'

De verdere dag zwierf ik doelloos door het koude, sombere Utrecht en belandde in een goedkoop achteraf pensionnetje waar ik de moeilijkste nacht van mijn leven heb doorgebracht. Terug in Bilthoven kon ik terecht bij het gezin waar ik als dienstbode had gewerkt. Het was verschrikkelijk om door de mensen van de illegaliteit gemeden te worden. Zij waren van mening dat ik de boel verraden had, hoe anders had ik mijn vrijheid herkregen? Wat ik ook tegenwierp, niemand wilde geloven dat ik uitsluitend door de Duitsers te overbluffen was vrijgekomen. Doordat ze alle contact met mij verbraken, kon ik niets te weten komen over het lot van Philip en dat van Pieter ter Beek die tot dezelfde knokploeg behoord had en, eveneens op het Wolvenplein, gevangen zat. Ik moest mijn eigen weg zien te bewandelen.

Vrijlatingsbewijs uit de gevangenis, 17 november 1944

Ik wist dat Philips' bril kapotgeslagen was en ging daarom, gewapend met zijn reservebril, naar het Wolvenplein terug.

Aangekomen bij de gevangenis deed een mij bekende Nederlandse bewaker de poort open. Ik smeekte hem de bril aan Philip te geven. Hij vertelde me dat hij daar niet toe in staat was omdat Philip, samen met twee andere gevangenen, was weggehaald. Verder wist hij niets behalve dan dat ook Pieter ter Beek uit Bilthoven, die jarenlang in het verzet had gezeten, erbij was. Die was gearresteerd toen hij na de aanslag bij de ouders van Mach Balk ging informeren hoe de zaken verlopen waren. Wat er met hen gebeurd was, wist hij niet.

'Wie weet het dan wel?' vroeg ik hem vertwijfeld.

'De Gestapo op de Maliebaan,' antwoordde hij spijtig.

'Dan ga ik daar naartoe,' zei ik vastberaden, waarop hij dodelijk verschrikt uitriep:

'Doe dat toch niet, dat is veel te gevaarlijk. Je bent nu immers vrij!'

'Dan maar gevaarlijk,' dacht ik. Ik kon onmogelijk verder leven met die alles verterende onzekerheid omtrent Philip. Bovendien voelde ik me alleen op de wereld en het was me om het even of me iets overkomen zou. Ik wist dat mijn ouders, mijn schoonouders, mijn broer en diens vrouw, mijn oudste zuster, net zoals zo heel veel andere vrienden gedeporteerd waren. Wie van hen zou ik ooit nog levend terug zien? Lies was zo onbereikbaar ver weg.

Philip zou de kogel krijgen maar waar en wanneer? Dus belde ik aan bij de Gestapo. Daar deed ik mijn verhaal over de bril en werd vervolgens van het kastje naar de muur gestuurd, totdat ik opnieuw voor de commandant stond in die mooie kamer op de eerste verdieping. Hij betoonde zich dit keer uitermate welwillend. 'Bitte, setzen Sie sich,' zei hij nota bene.

Ik kreeg een lang verhaal van hem te horen over een Duitse militair, op wie in de buurt van Rhenen een aanslag was gepleegd. Het drong nauwelijks tot me door hoeveel Nederlanders er als represaille waren gedood, ik begreep maar één ding: dat mijn Philip was gefusilleerd.

Ik probeerde zo kalm mogelijk te blijven toen de commandant plotseling een greep in een kast deed en mij het horloge en de trouwring van Philip liet zien.

'Wilt u dat misschien meenemen?,' vroeg hij. Ik keek hem strak aan en zei alleen maar: 'Geen interesse.'

Ook dat bezoek is mij niet in dank afgenomen door de mensen die mij kenden uit de onderduik en de illegaliteit. Een Jodin gaat niet uit zichzelf naar de Gestapo om inlichtingen in te winnen. Dat maakt je verdacht en had bovendien anderen in gevaar kunnen brengen, zo redeneerden zij. Daaraan had ik in mijn toen al volslagen isolatie geen moment gedacht. Alleen mijn man telde nog.

Na de oorlog was ik nog steeds niet van de verdenkingen af. Het wantrouwen jegens mij was zelfs zo groot, dat ik twee dagen lang door een commissie die het land van verraders wilde zuiveren, aan de tand ben gevoeld.

Ik kon er met niemand over spreken, zeker niet binnen mijn eigen kring waar iedereen zovele verliezen te betreuren had. Ondanks de vele goede vrienden die ik er ook heb gehad, keerde ik 'Bilthoven' de rug toe. Niet alleen hadden de bekenden uit de illegaliteit alle contact met mij verbroken, maar ikzelf ook met hen. Ik wiste hun namen volledig uit mijn geheugen. Het grote zwijgen kon een aanvang nemen.

BRITS MANDAAT PALESTINA

LIES

Opnieuw een stralende dag, de zon scheen uitbundig. Ik had blij moeten zijn, maar ik werd die ochtend wakker met een gevoel van intense leegte.

Langzaam stond ik op. In het waslokaal, omringd door de weelde van warm water, echte zeep, een tandenborstel en een schone, nieuwe handdoek genoot ik uitgebreid van mijn toiletteren. Er werd niet op me gewacht, ik hoefde geen zieken meer te verplegen. Ik was hier uitsluitend voor mezelf.

Maar, wat zou ik gaan doen met mijn leven? Ik wist dat ik binnen enkele dagen tot een besluit moest zijn gekomen.

Mijn eerste reactie op het verblijf in Atlith, na de lange reis vanuit Bergen-Belsen, was er één van euforie geweest. Ondanks alles wat ik verloren had, was ik van diepe dankbaarheid vervuld dat ik vrij was en mijn leven geheel opnieuw mocht beginnen. Maar hoe? In de onledigheid van de dagen in Atlith maakte het gevoel van overweldigend geluk stilaan plaats voor één van onzekerheid, eenzaamheid en zelfmedelijden.

In de ontbijtzaal prikte ik maar wat in mijn bord; door de ontwenning kreeg ik van alles wat ik at ogenblikkelijk pijn in mijn maag en buik. Op mijn geforceerd opgewekte 'goedemorgen,' kwam alleen maar een lauwe reactie. Ook onder heel veel andere mensen was de vreugde al spoedig gedoofd; men piekerde 'Hoe nu verder?

En waarheen?'

Ik ging naar de ziekenboeg om de enkele kennissen die ik onderweg gemaakt had, te bezoeken. De uitmuntende verzorging deed hen goed, het was van de gezichten af te lezen.

Buiten zag ik het jongste kindje van onze groep, het driejarige Petertje, spelen. Zijn vader was al heel vroeg door de Duitsers meegenomen en naar een vernietigingskamp gestuurd. Zijn moeder stond op de uitwisselingslijst en zij heeft als een leeuwin gevochten om haar kind bij zich te mogen houden.

Petertje was de lieveling van iedereen. In Atlith kreeg hij voor het eerst in zijn leven 'speelgoed.' Gisteren nog gaf iemand hem een fluitje. Eerst bekeek hij het van alle kanten en stak het toen in zijn mond en blies. En jawel hoor, daar klonk een voor hem uit Bergen-Belsen overbekend geluid. Vol enthousiasme floot hij zo hard hij maar kon en schreeuwde tot ieders ontzetting: 'Appèl, appèl!'

De uitgang van het kamp oefende een sterke aantrekkingskracht op me uit. Zittend op een steen verkende ik de omgeving. Er was daar overal bewaking, niemand kon naar binnen of naar buiten gaan zonder uitvoerig gecontroleerd te zijn. Aan beide kanten van de slagboom stonden uitkijktorens met wapperende vlaggen. Ze waren bemand door soldaten die mijn zwaaien naar hen als begroeting, steevast beantwoordden met een brede lach.

Iedere dag wel mocht een groepje mensen het kamp verlaten, ik na vijf dagen ook. Na het grondige medische onderzoek was er geen enkele reden meer mij nog langer in quarantaine vast te houden.

Het waren altijd weer andere mensen die de vrijgekomen geïnterneerden buiten de poort opvingen en meenamen. Soms arriveerden er hele groepen, families waarschijnlijk die hun verwanten kwamen verwelkomen.

Ik keek naar hun hereniging en feestelijke aftocht, de gedroomde wereld tegemoet.

Ik zat op de steen, míjn hele wereld. En huilde.

NEDERLAND—GEDEELTELIJK BEVRIJD

BETTY

Suus de Leeuw, mijn schoonzus, was ondergedoken in Oegst-geest in Zuid-Holland bij een sociaal werkster, mevrouw Boer, die voor een wolfabriek werkte en Pit werd genoemd. Zij was een gescheiden vrouw met drie kinderen. Ook ik kon voorlopig bij haar onderdak krijgen en proberen mezelf te hervinden.

In Zuid-Holland, het westen van Nederland was nog niet bevrijd, was het levenspeil tot een minimum gedaald. Brandstof was niet meer voorhanden, de elektriciteit allang afgesloten, de telefoons waren buiten gebruik, trams noch treinen reden en de honger waarde overal rond.

Zo ging men de strenge winter van 1944-1945 in.

Bewijs dat de fiets nodig is voor social werk en niet in beslag mag worden genomen.

Om tenminste nog aan enig voedzaam eten te komen, ging Pit regelmatig op haar fiets met houten banden op 'hongertocht' naar het platteland waar zij bij de boeren breiwol voor voedsel ruilde. Maar ook daar was na verloop van tijd niet veel meer te halen, eigenlijk alleen de boeren in het oosten van Nederland hadden voldoende. Daarom besloot ik de voedseltochten van Pit, die naast haar werk ook voor haar gezin moest zorgen, over te nemen en naar het oosten te verleggen.

Vanwege haar beroep was Pit in het bezit van een officieel bewijs dat ze haar fiets nodig had en dat die dus onder geen enkele voorwaarde gevorderd mocht worden.

Op een dag werd haar moeder die achter de IJssel woonde, een dagreis van Oegstgeest vandaan, ziek. Zij had dringend hulp nodig, maar het gebied waar zij in Oost-Nederland woonde, was 'spergebied' geworden waar je zonder speciale vergunning niet binnenkwam.

Special toestemmingsbewijs om te mogen reizen

Op verzoek van Pit heb ik haar meerdere malen bezocht met mijn ontheffingsbewijs, dat ik op het politiebureau van de Duitsers in de plaats Dieren had weten te bemachtigen. Bij de boerenfamilies was de prachtige wol die winter alleszins welkom. Als tegenprestatie kreeg ik overvloedige maaltijden voorgezet. Onderdak heeft nooit een probleem opgeleverd en als ik weer naar het westen toog, waren mijn fietstassen gevuld met alle eetbare basisbehoeften die een mens zich maar wensen kan. Op al mijn tochten heb ik het steeds zo uitgezocht dat ik een kerkdienst kon bijwonen. Ik genoot van de gezangen en putte troost en moed uit de gesproken teksten. De gewijde rust die in de kerken heerste, verzoende mij met mijn leven en gaf er weer zin aan.

De voedseltochten werden echter steeds gevaarlijker, aan de ene kant door de V1- en V2-raketten van de Duitsers, aan de andere kant door de steeds frequenter overvliegende jachtvliegtuigen van de geallieerden van waaruit op alles geschoten werd wat maar bewoog.

In Oegstgeest werd de voedselsituatie ronduit hachelijk. Koken deden we op kleine toestelletjes verwarmd door splinters hout. Toen ook die verbruikt waren, besloten we het tuinhek te slopen. Maar bij het naar buiten gaan de volgende ochtend bleken andere mensen ons te zijn voor geweest, het tuinhek was verdwenen. Er zat niets anders op dan de stoelen aan te spreken. Het werd al gewoon om mensen op straat in elkaar te zien zakken en sterven. Van wat er in de wereld gebeurde, de zich steeds uitbreidende bevrijding van Europa van het naziregime, was men zich nauwelijks bewust. Alles draaide om overleven en dus om eten.

Eten was het gesprek van de dag, eten bereiden was een dag invulling geworden dat met minuscule vuurtjes van stro en sprokkelhout uren in beslag nam. Dankzij mijn tochten naar het oosten was ik er redelijk goed aan toe.

Een maand voor de bevrijding, op de fiets op weg naar Oegstgeest, stopte ik bij een cafeetje om iets te drinken. Daar hoorde ik dat Roosevelt, de president van Amerika, overleden was. Met een schok besefte ik dat er ook nog een andere wereld was dan die van het westen van Nederland waar de mensen zich niet zozeer bezig hielden met de vraag wíé de oorlog zou winnen, als wel met de vraag wannéér die oorlog afgelopen zou zijn.

Inmiddels was ook mijn ruilmiddel, de wol, goeddeels opgeraakt. Dat maakte de voedseltochten overbodig. Opdat er in het gezin van Pit in ieder geval één maag minder te vullen zou zijn, besloot ik in de nadagen van de bezetting naar Amersfoort naar de familie Nabarro te gaan. Die woonde nog in hun ruime huis dankzij het feit dat mevrouw voor niet-Joods doorging en het echtpaar, dat van Portugese afkomst was, zich nooit had laten registreren. Gastvrij inviteerden ze mij in ieder geval het einde van de oorlog bij hen af te wachten.

Ik greep hun aanbod met beide handen aan.

Toen ik in Amersfoort arriveerde, bleken de Canadezen al te zijn opgerukt tot Apeldoorn, zo'n veertig kilometer verder. Lang hield ik het niet in Amersfoort uit. De berichten over de gevechten in Zutphen, Deventer en Apeldoorn waren heel alarmerend. Rusteloos als ik was, besloot ik al na een paar dagen naar Amsterdam te gaan. Onderweg zag ik hoe de Duitsers, zoals in Soesterberg, in allerijl hun spullen aan het vernietigen waren. Alles moest en zou kapot!

In Amsterdam zou ik de seideravond, het begin van het Joodse Paasfeest, doorbrengen bij mijn ondergedoken vrienden, Lion Nordheim, Jeanne en Truus van Amerongen en Bram Pais. Bij Jeanne en Lion trof ik niemand aan, wat mij bevreemdde en beangstigde, mijn andere onderduikrelaties waren evenmin thuis.

Uiteindelijk belandde ik bij de familie Querido, mijn vroegere werkgevers van het Apeldoornsche Bos. Nadat de psychiatrische inrichting was leeggehaald, waren ze naar Amsterdam verhuisd. De Querido's waren opgewonden over de door mij onderweg gevonden pamfletten met een fonetische tekst waarin Eisenhower de overgave van de Duitse troepen eiste.

Ondanks mijn vermoeidheid, ik had in een week niet minder dan 325 kilometer op mijn gammele fietsje afgelegd, wilde ik in Amersfoort terug zijn voordat de Amerikanen de stad zouden bombarderen, waarover de meest wilde geruchten rondgingen. Dit te meer omdat ik in Amsterdam helemaal niets meer te zoeken had sinds mij het bericht had bereikt, dat de vrienden die ik niet op hun adres had aangetroffen, nog met de bevrijding in zicht, waren opgepakt. Lion, een erudiete geest, een werkelijk bijzonder mens, een van de vooroorlogse leiders van de zionistische jeugdbeweging met een bij uitstek Joods uiterlijk, was doodgeschoten.

Bram Pais overleefde, dankzij de moedige interventie van een niet-Joodse vriendin. Na de oorlog zou hij een beroemd natuurkundige en medewerker van Oppenheimer en Einstein in Amerika worden.

Het werd een wonderlijke tocht met velerlei belevenissen en belevenisjes. Toen ik Amersfoort naderde kwamen de oorlogshandelingen steeds meer nabij. In de uitgestrekte bossen bivakkeerden grote troepen Duitsers met paarden, wagens, koeien en wat niet al. Ze waren zich halfnaakt aan het wassen aan een geïmproviseerde tafel op een afgezaagde boomstam. Even verderop stond een platte wagen met drie grote fornuizen, waarop eten stond te borrelen. Zo te zien was er geen gebrek aan voedsel want ik reed bijna een Duitser omver die de weg overstak, zijn armen volgeladen met pakjes boter. Nog iets verder trof me een surrealistisch schouwspel: een Duitser zat, helemaal in zijn eentje, totaal in zichzelf gekeerd een orgel te bespelen in het bos. Weer verder een stel soldaten die al zingend hun laarzen zaten te poetsen. Voor de laatste slag? Ik reed zo langzaam mogelijk om dat alles in ogenschouw te nemen en keek mijn ogen uit naar al die bizarre taferelen.

Ten slotte fietste ik, het was woensdag 18 april, het nog steeds rustige Amersfoort binnen, maar de volgende dag al stond alles op zijn kop; we zaten midden in de vuurlinie.

Die laatste weken in Amersfoort waren uitermate spannend. Duitse troepen, hoge militairen, trokken onophoudelijk voorbij aan het huis op de Utrechtseweg waar de familie Nabarro woonde. Generaals reden af en aan naar geheime besprekingen die in Wageningen plaatsvonden. Ondertussen ging het oorlogsgeweld onverminderd door en de beschietingen waren niet van de lucht. De prachtige toren van de oude kerk, de Lange Jan in de volksmond, was doelwit geworden. De inwoners van Amersfoort waren woedend op de Duitsers toen die hun trots van de stad in brand schoten. Iedereen hoopte vurig dat de gevechten spoedig gestaakt zouden worden.

Maar het duurde langer dan verwacht.

Overal trokken de geallieerden met tientallen kilometers per dag op, alleen bij Amersfoort leek het meter voor meter te gaan. Voortdurend moesten we de schuilkelder in; het werd bijna een permanente verblijfplaats. Tussen de beschietingen door sjouwden we opgewekt met teilen water, want één ding wisten we zeker: dat het einde van de Tweede Wereldoorlog in zicht was.

De geruchtenmachine draaide op volle toeren en ondanks de vuurgevechten renden we wanneer mogelijk tóch naar buiten, om te zien wat er zich op de straatweg afspeelde.

Daar trok een eindeloze stroom Duitse soldaten voorbij, zwaar bepakt, doodop, mannetje aan mannetje. Niets aan hen deed herinneren aan het eens zo trotse leger dat de wereld zou veroveren. Als dieven in de nacht slopen de ontredderde manschappen weg. Ik voelde haat noch blijdschap.

Waarom, waarom moet er, door niets anders dan door de eigen medemens, zo geleden worden op deze wereld die in zichzelf in evenwicht, harmonisch is?

Enige dagen later was het opeens doodstil, geen schot werd meer gelost. De rust was onaards, onwerkelijk, bijna angstaanjagend. Een achttal auto's met Duitse autoriteiten reed met hoge snelheid richting Hoevelaken waar de Engelsen hen opwachtten. Daarop werd het volgende bericht bekendgemaakt: tweemaal 24 uur wapenstilstand! Er zou niet meer gevochten worden.

In de eerst zo uitgestorven stad vlogen de mensen de straten op en renden toen grote vliegtuigen laag boven Amersfoort begonnen te cirkelen naar het terrein waar, in plaats van bommen, nu tonnen voedsel werden afgeworpen voor de uitgehongerde bevolking. De oorlog was voorbij.

110

5 mei 1945

Lieve zus,

De eerste dag van de vrede begon met gemengde gevoelens. Philip, die zo naar dit moment had uitgekeken, heeft het niet mogen meemaken. En ik moet zonder hem verder. En nu? Wie heeft het overleefd? En wie niet? Ik ben zo bang voor wat me te wachten staat. Slechts een ding geeft me moed en kracht: ik kan weer met je schrijven, ook al duurt het ontzettend lang voordat je mijn brieven ontvangt. Mijn kostbare, lieve zus, vertel me alles. Laten we ervoor zorgen dat de sterke band die we tijdens de oorlog hadden niet verbroken wordt, zelfs al ben ik niet hetzelfde meisje van vroeger .

Betty

Amersfoort viert feest

PHILIP

Juichend, rijen dik, stonden de mensen langs de wegen toen de Canadezen in de stralende zon Amersfoort binnentrokken. Het was een prachtig gezicht. Toch kwam er met moeite een uiting van blijdschap over mijn lippen.

Geallieerden trekken Amersfoort binnen

De massa om me heen telde haar doden en had overwonnen. Ons, Joden, was niets anders gelaten dan de weinige overlevenden te zoeken.

Het eerste echter wat ik te weten wilde komen, was wat men met Philip had gedaan. Van de politie hoorde ik dat de jongens op de middag van 20 november 1944 op de Prattenberg, op de grens van Rhenen en Veenendaal, voor het vuurpeloton waren gestorven; de jongste onder hen nog niet eens volwassen. Op last van de Duitsers moesten de lichamen 24 uur blijven liggen, ter afschrikking van de bevolking. Ze hebben er gelegen totdat de inwoners van Veenendaal ze met paard en wagen hebben weggehaald en, uit eigener beweging, voor een tijdelijk graf hadden gezorgd. Nadat ze waren geëxecuteerd heeft de wachtmeester van de marechaussee van ieder een foto gemaakt: gruwelijk!

Die foto en de afscheidsbrief van Philip aan mij bewaarde ik in een portefeuille. Maar ook die twee laatste gedachtenissen zijn me niet vergund geweest: de portefeuille werd gestolen. Amersfoort juichte, Amersfoort vierde feest, maar míjn hart was er niet bij betrokken.

Onze Vader die in de hemelen zijt,
uw naam worde geheiligd;
uw Koninkrijk kome;
uw wil geschiede,
gelijk in de hemel
alzo ook op de aarde.
Geef ons heden ons dagelijks brood;
en vergeef ons onze schulden,
gelijk ook wij vergeven
onze schuldenaren;
en leid ons niet in verzoeking,
maar verlos ons van de boze.
[Want van U is het Koninkrijk
en de kracht en de heerlijkheid
in der eeuwigheid.]
Amen.

Ds. Ader mocht dit gebed met zijn medegevangenen bidden voordat zij gefusilleerd werden.

De tijdelijke graven moesten zo snel mogelijk worden geruimd. Philip, die nergens geregistreerd stond, was de enige die nog niet naar een andere begraafplaats was overgebracht. De politie liet mij weten dat ik op korte termijn zijn herbegrafenis moest zien te regelen. Maar hoe? We hadden op zoveel verschillende plaatsen gewoond, waarmee ik geen enkele binding meer had.

In overleg met mijn schoonzusje besloten we hem op de Algemene Begraafplaats in Veenendaal te laten herbegraven.

Het was een warme dag in mei toen we vanuit Amersfoort al liftend op weg gingen. Het vervoer over de openbare wegen was nog steeds problematisch en toen we uiteindelijk, de armen vol verwelkte bloemen, bij de begraafplaats aan kwamen, bleek daar de herbegrafenis al te hebben plaatsgevonden.

De grafdelver probeerde me nog te troosten.

Veenendaal gedenkteken

'Ach, mevrouw,' zei hij, 'het is maar goed ook dat u er niet bij was. Het stonk zo verschrikkelijk!'

Wij probeerden er een mooi graf van te maken in dat naargeestige Veenendaal waartoe ik uitsluitend werd aangetrokken door het gedenkteken, dicht bij de plek waar de zes zijn omgebracht; een wit kruis met hun namen en een eenvoudige beplanting eromheen.

Later kreeg ik een bericht van de Oorlogsgravenstichting dat het stoffelijk overschot kon worden bijgezet op de Erebegraafplaats in Loenen, een beeldig mooie plaats in de bossen op de Veluwe. Een plaats Philips' nagedachtenis waardig. Toen de bijzetting plaatsvond, arriveerde ik opnieuw te laat. Het heeft zo moeten zijn.

Nooit zal ik Bastiaan Ader vergeten. Iedere keer als ik een bezoek breng aan de Loener begraafplaats leg ik verse bloemen op zijn laatste rustplaats.

Loenen

DE ZOEKTOCHT NAAR OVERLEVENDEN

Het begin van mijn zoektocht naar familie en vrienden begon in Amsterdam waar ik een kamer huurde. Ik wilde zo gauw mogelijk aan werk zien te komen en geld verdienen, want ik bezat letterlijk niets meer.

Iedereen die nog leefde was in Amsterdam op zoek naar zijn naasten. Overal hingen lijsten met namen en oproepen of iemand de betrokkenen misschien gezien had, of anderszins inlichtingen kon verstrekken. Net als iedereen maakte ik keer op keer de ronde langs alle mogelijke instanties. Het was luguber te moeten wachten tot je aan de beurt was bij veelvoorkomende namen, zoals de mijne. Toen dat allemaal niets opleverde liet ik advertenties plaatsen in kranten en weekbladen. Maar de gezichten van de mij ter wille zijnde mensen, werden steeds somberder.

Op een dag werd bekendgemaakt dat er transporten van gevangenen uit de kampen in Eindhoven waren aangekomen. Toen de Nederlandse overlevenden van Bergen-Belsen, via Troebitz in Tsjecho-Slowakije, bij de gebouwen van de Philipsfabriek waar ze in quarantaine zouden worden gehouden arriveerden, was het inmiddels al juni 1945.

Ondanks het feit dat ik geen speciale vergunning had om het bevrijde zuiden van Nederland binnen te gaan, besloot ik toch er naartoe te reizen.

Een nichtje dat ondergedoken was geweest, had haar werk in het Centraal Israëlitisch Ziekenhuis direct na de bevrijding hervat. Ik leende van haar een uniform en vertrok naar het zuiden van het land. Onderweg werd de truck waarin ik meeliftte door Amerikaanse militairen aangehouden. Of ik onmiddellijk wilde meekomen. Er was een ernstig ongeluk gebeurd, of ik kon helpen. Eens heb ik een EHBO-cursus gevolgd waarvan alleen dit mij is bijgebleven: 'Als je niet weet wat je doen

moet, blijf er dan
met je handen van
af.'
Zwervend en zoe-
kend door het
enorme fabrieks-
complex van Phi-
lips belandde ik
ten slotte op de
röntgenafdeling
waar een rij man-
nen stond met ont- bloot bovenlijf, in afwachting van hun
onderzoek. Het waren ademende skeletten!
Plotseling hoorde ik mijn naam noemen. Ik keek, keek nog
eens en toen herkende ik in één van de levende geraamtes
mijn eigen broer Jaap en in een ander mijn neef Harry Duizend. We stonden elkaar als vanuit een andere wereld per-
plex aan te staren.

'Ga alsjeblieft naar beneden,' zei Jaap met moeite, 'daar
is mijn Manja en andere vrouwen die je kent. Zie wat je voor
ze kan doen en probeer onze terugkomst te regelen.'
Ik omhelsde mijn broze dierbaren zo voorzichtig mogelijk,
bang dat ze zouden breken.
Bij de vrouwenafdeling aangekomen wist ik niet wat te doen.
Ondanks alle berichten over de toestanden in de kampen die
dag na dag binnensijpelden, was ik niet voorbereid op de con-
frontatie met deze menselijke wrakstukken. Ik kon ze eenvoudig niet helpen of troosten. De hele vloer was bezaaid met
matrassen waarop scharminkels zaten die ooit 'vrouw' hadden geheten. Verdoofd door de schetterende muziek van de
Amerikaanse Andrew Sisters zaten ze geheel afwezig maar
wat voor zich uit te kijken. Ze waren onherkenbaar.
De zoektochten hielden niet op bij familieleden en vrienden.
Iedereen zocht naar zijn verloren bezittingen, naar zijn huis en

inboedel, naar het geld van zijn bankrekeningen en velen zochten naar hun ondergedoken kinderen. Dat viel in het na-oorlogse Nederland bepaald niet mee.

De bureaucratie wierp een nauwelijks te volgen parcours van hindernissen op. Daarbij kwam, dat de schuldigheid over het vergrijpen aan andermans bezit nou niet bepaald de voedingsbodem was waarop mededogen en begrip konden groeien.

Toen Philip en ik moesten onderduiken, hadden wij onder andere een gedeelte van onze kleding eveneens laten onderduiken. Daarom vertrok ik, zodra dat mogelijk was, naar Apeldoorn waar we bij één van de arbeiders van Het Apeldoornse Bos een koffer met kleding in bewaring hadden gegeven en wat gereedschap van Philip. Terwijl ik het pad naar het huis opliep, zag ik de vrouw in de tuin bezig met haar was op te hangen. Ze was gekleed in een leuke zomerjurk waarin ik in één oogopslag de mijne herkende. Ook tussen de was aan de lijn ontwaarde ik kledingstukken van mezelf.

Enige tijd stond ik het tafereeltje aan te kijken, voordat ik er toe kon komen om naar haar toe te gaan.

'Nee, jammer,' zei ze zonder blikken of blozen, 'alles is indertijd weggedaan. Het was toch te gevaarlijk om jullie spullen te bewaren.'

Zwijgend ben ik weggegaan. Nóóit meer Apeldoorn.

Mijn broer had het overleefd. Mijn zusje Lies zou het wel redden in haar opleiding tot verpleegster in Palestina. Mijn zwager Dries was vliegenier bij de RAF en zou binnenkort naar Nederland komen. Ik zou een gelukkig mens moeten zijn; drie van de vier kinderen van ons gezin waren in leven.

Eigenlijk zou ik moeten helpen om de mensen die uit de kampen teruggekeerd waren te steunen, of om kinderen die hun ouders kwijt waren op te vangen. Maar ik was er niet toe in staat. Ik wilde werken op een gebied waar ik me los kon maken van mijn herinneringen. Want ruimte om te rouwen om mijn man, om mijn ouders, om Juul mijn oudste zuster en om alle anderen, was er eigenlijk niet. Iedereen had immense verliezen geleden. Er was zoveel te verdringen.

Daarom heeft die ene condoléance mij diep ontroerd: een brief van koningin Wilhelmina vanwege het verzetswerk van Philip. Pas na het lezen daarvan was ik voor het eerst in staat mij over te geven aan mijn verdriet om iedereen die ik verloren had, om mijn jeugd en mijn huwelijk die me waren afgenomen en om een wereld die, onomkeerbaar, tot het verleden behoorde.

'S GRAVENHAGE,   7 Februari 1947.
PALEIS NOORDEINDE

Mevrouw de Wed. B. de Leeuw-Polak,
Emmastraat 27,
's-G R A V E N H A G E.

Koningin Wilhelmina
1947

Als lid van den Orde Dienst en Commandant van de plaatselijke K.P. werd Uw echtgenoot Philip, Reserve 1e Luitenant, op 20 November 1944 te Rhenen op laaghartige wijze van het leven beroofd.

Met diepe gevoelens van medeleven kom Ik U bij dit voor U zoo zware verlies Mijn oprechte deelneming betuigen.

Zijn offer zal door Mij steeds in dankbare herinnering gehouden worden.

Moge zijn nagedachtenis U een steun in het verdere leven blijven.

BRITS MANDAAT PALESTINA

BRIEVEN VAN LIES AAN BETTY

Lieve zus,

Waar moet ik beginnen? De laatste brief die ik je geschreven heb was uit Westerbork, voordat we naar Bergen-Belsen werden overgebracht. Ik weet zelfs niet of je die brief ooit hebt gekregen. Wat is er sindsdien veel gebeurd!

En nu, niet te geloven, is het werkelijkheid, ik kan je weer schrijven. Jij bent er levend uitgekomen, ik ook en ik kan je nu schrijven alsof ik met je spreek.

Weet één ding: in mijn gedachten heb ik je vele, vele brieven geschreven! Jouw eerste brief heb ik gelezen, steeds weer, hij is nu alleen een beetje nat van de tranen die erop gevallen zijn.

Vanuit Atlith ben ik naar Lida en neef Joop gegaan die me liefdevol hebben ontvangen. Ze wonen in Jeruzalem in een heel kleine woning: twee kamers, een keukentje en hebben een dochtertje Elisheva, drie jaar oud.

Lida gaf me meteen iets van haar weinige kleren. De eerste vrijdagavond was moeilijk, alles deed zo aan thuis denken; Lida en Joop zijn orthodox en Joop zegende de wijn en het brood. Wat waren ze verstandig, ik kon niet praten en ze vroe-

gen niets. Ik wist dat hun beider ouders net als onze ouders naar Sobibor waren doorgestuurd en zeker niet meer in leven waren.

Maar ik had het ook moeilijk omdat ik niet wist wat ik met een God aanmoest, een God die ons onze ouders had ontnomen, die jouw Flip had laten fusilleren, die Juul had laten sterven een week na de bevrijding. Ik wilde eigenlijk niets meer met het orthodoxe Jodendom te maken hebben.

Behalve dat wilde ik zo vlug mogelijk mijn verpleegstersopleiding afmaken en liefst in het beste ziekenhuis dat er bestond. Twee dagen nadat ik in Jeruzalem was aangekomen, ben ik naar het Hadassa Ziekenhuis op de Scopusberg gestapt. Ik vroeg naar de directrice, bij wie ik meteen werd toegelaten. Daar stond ze, mevrouw Kantor, een zeer mooie verschijning, een grote vrouw, grijze haren, een witte kap op haar hoofd, een uniform schoon en gestreken. Ze maakte op mij een enorme indruk. Ik hoorde later dat alle meisjes erg bang zijn om bij haar naar binnen te gaan. Het erge was voor mij de taal, ik sprak toen niet meer dan tien woorden Hebreeuws. Nu, na bijna een jaar, weet ik niet waar ik het lef vandaan heb gehaald me tot het Hadassa te wenden. Misschien als ik vooruit had geweten met hoeveel moeilijkheden dat gepaard zou gaan, was ik nooit naar ze toegegaan. Maar ja, het is maar goed dat je niet van tevoren weet wat de dag van morgen brengt.

Dus ging ik me aanmelden als leerling-verpleegster met het verzoek om mijn opleiding af te mogen maken. Ik sprak Engels met mevrouw Kantor die erg vriendelijk was. Reeds na enkele dagen kreeg ik een uitnodiging om voor een commissie bestaande uit dertien mensen te verschijnen.

Het eerste wat ze me vroegen was: 'Hoe denk je hier wat te leren, als je de taal niet kent?' Daarop antwoordde ik in mijn mooiste Hebreeuws: 'Ik heb nog een maand, in die tijd ga ik

naar een kibboets en over een maand spreek ik Hebreeuws.'
Ze begonnen allemaal te lachen en zeiden: 'Dat willen we zien!'

Gelukkig werd ik aangenomen, maar... ik moest opnieuw beginnen, want ze konden me niet plaatsen in de tweedejaarscursus. Wat had ik te verliezen? Ik moest een dak boven mijn hoofd hebben, een bed, eten, warm water, tot die vreselijke oorlog voorbij zou zijn en dan zou ik wel verder zien.

In kibboets Javne woonde mijn vriendin Channa die het geluk had gehad met het laatste jeugdtransport, net voor het uitbreken van de oorlog, naar Palestina te zijn gekomen.

Daar mocht ik een maand blijven.

Ik kon Channa niets vertellen over haar ouders en broertje. Noch in Westerbork, noch in Bergen-Belsen was ik hen tegengekomen. Ik troostte haar met de gedachte dat ze waarschijnlijk ondergedoken waren, of gevlucht.

Ik had een heerlijke tijd in Javne. Niet dat ik er veel Hebreeuws heb geleerd, maar ik kwam een beetje tot rust.

Je weet hoe een kibboets is samengesteld. Allemaal jonge mensen die één gemeenschap vormen, iedereen werkt zo veel hij kan. De opbrengst komt aan de gemeenschap toe. Hoe groter de winst, hoe meer er uitgebreid wordt.

Eerst waren er houten huisjes en woonden ze ook in tenten, langzamerhand kwamen de stenen gebouwen waar natuurlijk eerst de getrouwde stelletjes in kwamen te wonen. Channa was nog niet getrouwd en woonde in een houten huisje waar ik bij introk. Er waren veel ongetrouwde, jonge jongens. Al gauw was er een jongen die mij onder zijn hoede nam. 's Avonds nodigde hij me uit voor een 'maanwandeling' en er ging nog geen week voorbij, of hij begon over liefde te spreken. En ja hoor, op een avond op het grasveld in de maneschijn vroeg hij me: 'Wil je met me trouwen?' Ik keek hem aan. Een leuke jongen, weliswaar wat pukkeltjes op zijn neus, *maar ik voelde geen vlinders in mijn buik en antwoordde: 'Ik ga eerst drie jaar in Jeruzalem voor verpleegster leren, je zult vast en zeker in die tijd een leuk meisje vinden en zo niet, dan beloof ik je dat ik er nog eens over zal nadenken.' Dat was het einde van zijn liefde voor mij.*

Een dag later verscheen een andere jongen die voorstelde mij te helpen met het leren van Hebreeuws (en andere dingen waar ik niet in geïnteresseerd was). Een week later, dit keer zonder maanlicht, zei hij: 'Ik wil met je trouwen.' Ik vond dat wel raar; nog één die juist met mij wilde trouwen en ik antwoordde hem hetzelfde wat ik aan de eerste liefhebber had gezegd. Gelukkig nam hij het goed op. We gingen als vrienden uit elkaar.

De derde week verscheen kandidaat nummer drie. Helaas sprak deze jongen Hollands. Vorderingen in het Hebreeuws maakte ik niet, integendeel. Hij sprak doorlopend over de oorlog en maakte me doodzenuwachtig. Na een week stelde hij me zeer ernstig voor met hem te trouwen. Ik wenste hem alle goeds, maar zonder mij! Toen vroeg ik Channa: 'Wat is hier gaande? Ik ben weliswaar jong, maar niet de mooiste op de wereld. Waarom lopen al die jongens achter me aan? Channa stotterde een beetje en eindelijk kwam het hoge woord eruit. 'We hebben een groot gebrek aan meisjes in de kibboets en op de laatste vergadering is besloten, dat ieder meisje dat op bezoek komt moet worden overgehaald hier te blijven. Aan de ongetrouwde jongens werd gezegd: "Ga alsjeblieft zo vlug mogelijk trouwen, de liefde komt later wel!"'

Gelukkig verliet ik die week de kibboets. Ik begon aan mijn opleiding in het mooie Hadassa Ziekenhuis op de Scopusberg.

ברכת הַמָּזוֹן   *Birkat haMazon*

Gezegend de HEERE	בָּרוּךְ הָאֵל	*Baruch haEl*
Die geschapen heeft	אֲשֶׁר בָּרָא	*Asher bara*
Pap en melk	דַּיְסָה בְּחָלָב	*Daysa bechalav*
Een schaaltje vol	מְלֹא הַקְּעָרָה,	*Melo hake'arah*
En als toetje	וּלְקִנּוּחַ	*Oelekinooach*
Ook een appel	גַּם תַּפּוּחַ.	*Gam tapoeach*
Hoe kunnen we Hem danken?	בַּמֶּה, בַּמֶּה נוֹדֶה לוֹ?	*Bameh, bameh node lo?*
Gezegend zij Hij	בָּרוּךְ הוּא	*Baroech hu*
Gezegend is Zijn Naam.	וּבָרוּךְ שְׁמוֹ!	*Oevaruch Shemo.*

Diegenen die nog geen Hebreeuws konden moesten een speciaal examen afleggen. Lies moest o.a. gedichten van Chaim Nachman Bialik lezen, waarvan zij er een uit hun hoofd moesten kennen. Het kortste gedichtje was bovenstaande kinderzegen over het eten.

Mt. Scopus (Har Hatsofim) de opleidingsschool voor verpleegkundigen
met op de voorgrond een groep leerlingverpleegsters.

12 juli 1945

Ik schrijf je veel deze dagen, maar ik heb het gevoel alsof ik alles moet inhalen. Die eerste dag in het Hadassa, in 1944...
Het was de eerste keer dat ik in een omgeving was, waar alleen maar Hebreeuws werd gesproken. Ik kende niemand van mijn klasgenoten en hier stond ik, tussen een groep van jonge meisjes van ternauwernood 18 jaar – vergeet niet dat ik al

Lies →

ouder was, toen al bijna 23 jaar – die kakelden als kippen. Er waren 35 meisjes en ik verstond géén wóórd van wat ze zeiden.
Ik ben maar achter ze aan gelopen en als ze iets in mijn richting riepen, zei ik : 'Ken!,' dat betekent 'Ja.' Omdat
ik heel laat was aangenomen, was er geen plaats meer voor mij in een kamer met mijn klasgenoten. Zo kwam ik terecht bij tweedejaars leerlingen die, tot mijn groot geluk, Duits verstonden en mij erg hebben geholpen.
Stel je voor: ik zit in de klas en versta geen woord van wat de leraar zegt. Ik heb een Hollands-Hebreeuws woordenboekje op mijn schoot, maar als ik een woord heb gevonden, is de les al weer bijna voorbij. Ook op de afdeling verstond ik de zieken niet en werd daardoor steeds zenuwachtiger.
De meeste meisjes zijn sabres, hier in het land geboren. Ze worden zo genoemd naar de vrucht die van buiten erg stekelig is, maar van binnen heerlijk zoet. Ik ben de eerste Hollandse

124

die in het Hadassa leert. De meisjes zijn allemaal erg aardig tegen me, proberen me te helpen, maar veel geduld hebben ze niet.

Ik verbaas me nog hoe ik dit eerste jaar ben doorgekomen. Ik spreek nu aardig Hebreeuws, maar wat ben ik blij dat we in Holland veel talen hebben geleerd. Het enige wat mij hier ontbreekt, is het Jiddisch, maar dat leren de patiënten me wel. Ik probeer zo min mogelijk Duits te spreken. Daar heb ik genoeg van!

De bevolking deel ik in drieën: allereerst de Sabres die hier geboren zijn, dan de Jekkes, de Duitse Joden die nog voor het uitbreken van de oorlog uit Duitsland gevlucht zijn naar Palestina. Die hebben hun bijnaam onder meer te danken aan het feit dat ze altijd, ook als het snikheet is, een jack dragen en onder iedere omstandigheid piekfijn gekleed blijven. Verder zijn er dan nog OostJoden. De Sabres zijn echt speciale types. Jong, sterk, volgens mij oppervlakkig, enorm vrolijk en sportief, aardig en goedhartig, maar een goed gesprek kan ik niet met ze voeren.

De Jekkes zijn precies het tegenovergestelde: zoals een bourgeois uit Amsterdam.

De OostJoden, over het algemeen arm, met een enorm goed hart. Ik begrijp ze niet goed, maar het is fijn om hen te verplegen, erg gevoelig, dankbaar en niet zo 'koud' als de Jekkes. Maar Betty, de Yemenieten, dié moet je zien. Ze spreken Hebreeuws op een speciale manier, ze zijn erg schoon en precies, orthodox, zeker niet dom, met een heel mooi gezicht en prachtige ogen.

Ik hou van ze!

16 juli 1945

Op zaterdag is het erg moeilijk om naar de stad te gaan. Het ziekenhuis ligt op de Scopusberg, een uur lopen van de stad. Het is ons verboden in Arabische bussen te rijden en we mogen ook niet alleen te voet gaan, dat zou veel te gevaarlijk zijn. Als je op zaterdag naar de stad wilt, kan het alleen met een Joodse taxi.

20 juli 1945

In jouw laatste brief vraag je of ik een beetje meer over de patiënten wil vertellen. Er liggen hier in het ziekenhuis veel jonge mensen waaronder ook studenten. Achter het ziekenhuis ligt de Hebreeuwse Universiteit.

Wat zijn er aardige jongens bij. De meesten hebben malaria, geelzucht en er zijn ook gevallen van tyfus. Maar dat weerhoudt hen niet hun ogen te gebruiken. Zij kennen alle zusters en weten het meteen als er een nieuwe lichting komt. Het ziekenhuis heeft namelijk een vreselijke gewoonte. Als je als leerling-verpleegster begint, krijg je een halflange kap op je hoofd. Dat is voor de proeftijd van een halfjaar, want daarna kunnen ze je eruit gooien, dus iedereen weet, dat is een probationer. De vaste leerlingen hebben een lange kap.

We beginnen om twee uur in de namiddag te werken, dat heet 'avondvoorbereiding.' Ik werd ingedeeld op de mannenafdeling. Dat was een vreugde die (knappe) jonge meisjes voor al die jonge jongens en ze waren niet zo ziek, of ze wisten wel hoe die meisjes in de maling te nemen. Mijn vriendinnen gaven hen meteen een grote mond, maar ik? Met moeite begreep ik wat ze vroegen. En antwoorden… ? Dát was precies wat ze moesten hebben.

'Zuster, breng me een kop thee.' 'Zuster, ik voel me niet goed, leg je hand eens op mijn hoofd, ik heb vast koorts.' En: 'Zuster, vlug, vlug, de po!'

Ik holde maar heen en weer, in plaats van te zeggen: 'Loop naar de hel!' Het eind was dat ik huilend van de afdeling ben weggelopen. De volgende dag ben ik naar mevrouw Kantor gegaan, die mooie statige, grijze vrouw. Ik vroeg om overplaatsing naar een kleine, rustige afdeling waar alleen vrouwen waren, totdat ik de taal beter zou beheersen. Zo ben ik op de gynaecologische afdeling begonnen, waar ik tot rust kwam.

Ik moet je wel iets opbiechten. Ik ben bang dat de waterrekening van het Hadassa behoorlijk omhoog is gegaan. Uit Westerbork schreef ik je dat het gelukkigste moment was als we een douche konden nemen.

In Bergen-Belsen was de toestand veel erger. Daar namen ze ons in het begin één keer in de maand mee naar een gezamenlijk douchehok waar we met tientallen vrouwen drie minuten konden douchen; de één duwde de ander opzij om maar een beetje water te krijgen. De Duitsers stonden aan de kant toe te kijken, naar al die blote, duwende vrouwen.

En nu heb ik een douche voor mij alleen, met zoveel water als ik wil. Uren stond ik eronder. Ik was als de dood dat de meisjes erachter zouden komen! Wat zou ik me daarvoor schamen. Ook geniet ik nog steeds van een wc voor mij alleen met muren eromheen, waar niemand me ziet.

Ik moet je nóg een geheim vertellen. In de oorlog leefden we met een tekort aan de meest essentiële dingen, zoals zeep. Hier, in het ziekenhuis, ligt naast ieder fonteintje een stukje zeep en toen ik dat ontdekte, dacht ik: vlug in mijn zak stoppen, voor als ik er een tekortkom.

De dagen daarop nam ik steeds weer een stukje zeep en stopte het ver achter in mijn kast. Wat had ik een goed gevoel: wat er ook gebeurt, ik heb genoeg zeep!

Dat ging een tijdje door, totdat ik begreep dat ik echt geen voorraad zeep nodig heb en toen heb ik alles weer teruggelegd. Ik heb geluk gehad dat ze me niet gepakt hebben met die verzameling. Denk je dat ze hadden begrepen, dat ik geen kleptomaan ben?

29 juli 1945

De school wordt in augustus gesloten en alle meisjes gaan naar 'huis.' Ik heb geen huis en ik moet zien die drie weken door te komen.
Ik heb ook geen cent om uit te geven. Mijn financiële toestand is hopeloos. Ik wilde je daarmee niet lastig vallen, want ik weet dat jullie het ook niet gemakkelijk hebben.
Soms kan ik er echt om huilen.
Ik wilde ook niet dat de meisjes hier het zouden merken, maar ze hebben wel begrepen waarom ik nooit met ze naar de stad wil gaan om ergens een kop koffie te drinken: ik wil niet dat ze voor mij betalen. Soms snak ik ernaar een plak chocolade te kopen, maar dat is onmogelijk.
Ik heb een tijdje geprobeerd er iets bij te verdienen met breiwerk voor een handwerkwinkel, maar moest er vlug mee ophouden. Het werk en het leren vermoeit me zo. Ik ben niet sterk en altijd moe.
Ik heb de vakantie nu zo ingedeeld dat ik bij vrienden overal een paar dagen blijf en op het eind naar kibboets Javne ga. Ik wilde graag op één plaats blijven om een beetje uit te rusten, maar dat gaat niet. Laat ik maar blij zijn dat ik op zo veel verschillende plaatsen vrienden heb.

1 september 1945

In je vorige brief vraag je of ik een speciale vriend heb. Er is hier geen tekort aan leuke mannen die graag iets met je willen beginnen, maar het is moeilijk erachter te komen wat hun bedoeling is. Alleen seks? Uitgaan? De verveling verdrijven? Ze zien er over het algemeen niet erg serieus uit.
Er zijn veel jonge artsen hier in het ziekenhuis en sommige zijn

erg aardig. Zij staan aan het begin van een carrière en hebben
een meisje nodig met rijke ouders zodat zij, als ze een dokters-
praktijk gaan opbouwen, een goede financiële basis hebben.
Nou, dat kunnen ze bij mij vergeten.
Ik vergat je te vertellen dat ik met nieuwjaar een cadeau heb
gekregen, per post gestuurd, zonder afzender. Met grote ver-
bazing maakte ik het kleine, mooie doosje open en daar lag op
een fluwelen bodem een zilveren broche: twee kleine druiven-
blaadjes. Wat een schoonheid. De geheime afzender deed er
een briefje bij: 'Van een zieke die jou nooit zal vergeten.'
Ik was verward en aangedaan. Ik probeerde uit te vinden wie
dat zou kunnen zijn, maar dat is me niet gelukt. Dit cadeau is
me erg dierbaar.
Ik kom even terug op de jongens die achter me aan lopen. Ik
ben ouder dan de meeste meisjes hier in de zusterschool. Er is
een verschil als je verliefd wordt met 17 jaar of met 23 jaar en
zeker al voor mij, die zoveel heeft meegemaakt.
Ik ga wel uit met alle mogelijke vrienden. Op sabbat maken
we veel wandelingen, Jerusalem is zo'n mooie stad. Maar voor
mij is het heel moeilijk me te binden aan iemand die de holo-
caust niet heeft meegemaakt. Ik kan er niet met hen over pra-
ten, ze kunnen het niet begrijpen. Hoe kan ik met iemand
trouwen, waarmee ik mijn gevoelens niet kan delen? Wat
moet ik hem zeggen als hij eten op zijn bord laat staan. Dat hij
het moet opeten? Wat moet ik zeggen als hij de 'reserves' in
huis ziet van suiker, meel, zeep, etcetera, omdat ik bang ben,
dat ik ooit weer honger zal leiden?
Ik zie veel onbegrip omtrent dat wat wij hebben doorgemaakt
en ben daar erg gevoelig voor geworden.
Laatst controleerde onze lerares onze kamers, natuurlijk on-
aangemeld, om te zien of alles opgeruimd was en de bedden
opgemaakt waren. Ze deed de deken omhoog en zei:
'Polak,' (waarom kunnen ze me niet bij mijn voornaam noe-
men?) 'dat bed is niet opgemaakt.'

Ik begon plotseling te lachen, weet je waarom?

In het kamp was er altijd beddencontrole door de Duitsers en dan schreeuwden ze: 'Der Bettenbau ist Scheisse.' (Ik kan dat laatste woord niet eens in het Hollands vertalen!)

Die arme zuster! Zij kon er niets aan doen dat ik haar niet serieus nam.

Een ander geval was in de polikliniek van dermatologie in de stad, buiten het ziekenhuis. Ik heb daar veel en hard gewerkt en er was een fijne onderlinge verhouding tussen de doktoren en zusters. Op een dag werd er een zeer ziek kind binnengebracht. Vreselijk mager en verdrietig. En toen gebeurde er iets met mij, dat me nog nooit eerder overkomen was: ik begon vreselijk te huilen. Iedereen schrok ervan en ik kon met moeite uitbrengen: 'Hij lijkt zo op een jongen die ik in Bergen-Belsen heb verzorgd.'

Ze keken mij allemaal verschrikt aan. 'Wát, ben jij in Bergen-Belsen geweest?'

Betty, ik heb nog tijd nodig. Geloof me, ik doe mijn best om een gewoon leven te leiden, maar ik heb het gevoel dat de holocaust me nog heel lang zal begeleiden.

December 1945

(Na een terroristische aanslag in Jeruzalem)
Lieve Zus,

Ik kan je tenminste schrijven, maar eigenlijk schaam ik me enorm! Na alles wat er deze week gebeurd is, een aanslag, dacht ik: wat ben ik blij dat ik een Nederlands paspoort heb.

Ik weet dat ik met dat paspoort ieder ogenblik het land kan verlaten, maar ik ben hier in Palestina uit zionistische overtuiging gekomen. Hoe kan ik dan weg willen gaan? Komt het omdat ik zo genoeg heb van oorlogen?

Ik heb zoveel ellende en dood gezien in de oorlog en ondanks alles geloof ik dat het leven ook mooi kan zijn, maar niet door oorlogen.

Ik ben er eigenlijk zeker van dat, als ik om welke reden dan ook het land hier zou verlaten, ik niet gelukkig zou zijn.

Denk nu niet dat ik plotseling hier wegvlucht. Maar ik was er zelf verbaasd over dat ik na die aanslag meteen aan mijn Nederlandse paspoort dacht.

8 augustus 1946

Vandaag was het mijn laatste dag op de kraamzaal. Ik kon wel huilen van spijt dat die tijd alweer voorbij is. Ik heb zelden met zoveel voldoening gewerkt.

Ik heb ontzettend veel geleerd en de laatste veertien dagen in de wacht ook veel gelachen. Ik werkte namelijk met een oude kraamverpleegster, een echt Jodenbreestraattype, die zo grof is tegen de kraamvrouwen, dat zelfs ik ervan bloos.

29 augustus 1946

Er is buiten een enorme chamsien, hete wind. Iedereen is loom en moe. Als je buitenkomt is het net alsof je in een oven bent, binnen is het meestal koeler.

Jeruzalem staat bekend om zijn hevige chamsieniem. De lucht is drukkend en donker, net alsof er een flink onweer of een reuze regenbui zal komen. Maar het gekke is dat tot oktober, november geen druppel regen valt.

23 oktober 1946

Ik werk nu in de operatiezaal.

Ik werk hier met veel plezier. Interessante operaties, de chirurgen zijn allemaal erg aardig.

Van de week hadden we een keizersnee en de professor haalde een baby die wel heel klein was uit de buik van de moeder. Toen de zuster ermee wegliep, schreeuwde hij haar na: 'Kom vlug terug! Er is er nog één!'

En zo waren er ineens twee jongetjes. Twee pasgeborenen, helemaal nieuw, in déze wereld.

16 Januari 1947

Ik heb onze president, Ben-Gurion, verpleegd! Stel je voor, ik moest hem een injectie in zijn bibs geven. Het was wel een 'speciale' injectie, niet zoals iedereen die krijgt, maar keurig op een tableau toegedekt met steriel gaas. Daarmee ging ik naar zijn kamer en mijn handen trilden van de spanning.

Hij is zo'n gemakkelijke patiënt, geen enkele pretentie. Toen ik hem vroeg wat hij 's avonds wilde eten, was zijn antwoord: 'Helemaal niets belangrijks, breng me maar een beetje yog-hurt.'

26 Januari 1947

Gisteravond moest ik invallen op de kraamzaal. Ik kreeg twee zonen en nu heb ik al twaalf baby's!

September 1947

Ik heb mijn diploma. Wat ben ik gelukkig en wat is het moeilijk geweest. Het was een week om nooit te vergeten. Eerst heb-ben we onze nieuwe uniformen moeten passen – tot nu toe droegen we blauwe jurken – met nieuwe mutsen.

De dag voor de uitreiking ben ik naar de kapper gegaan. Jullie telegram kwam prachtig op tijd. Bedankt! Dat was tenminste iets van 'thuis.'

Ik heb zelf veel cadeaus gekregen en mijn vriendinnen waren allemaal zo blij met de Hollandse cadeaus die je voor hen stuurde, de molentjes en de klompjes. Ik zei dat ze nu 'de Hol-landse' niet zouden vergeten, maar daar hoefde ik echt niet bang voor te zijn. Het was voor mij een fijn gevoel dat ik als eerste Hollandse leerlinge met een schitterend rapport ben geslaagd. Nu ga ik eerst al de leningen aflossen die ik heb moeten nemen om mijn studie te betalen en daarna... kom ik jullie allemaal bezoeken. Je zus Liesje.

Haar reis naar Nederland moest Lies tot 1962 uitstellen van-wege de oorlog. Een oorlog, ditmaal in Israël.

EEN NIEUW BEGIN IN NEDERLAND

BETTY

Alle toekomstplannen van Philip en mij om na de oorlog als pioniers naar Palestina te gaan, duwde ik van me af. Ik wilde aan het werk, in Nederland. Pionieren was iets van ons samen geweest. Alleen zijnde kon ik een dermate nieuwe situatie niet aan.

Bezoeken bracht ik regelmatig aan Israël, zelfs voordat de staat officieel werd opgericht. Nadien doorkruiste ik het land veelvuldig in gezelschap van mijn tweede echtgenoot, Dolf Bausch, die ik via mijn werk leerde kennen en met wie ik een fantastisch tweede huwelijk heb gehad. Ons hart raakte verpand aan het stadje Eilat bij de Rode Zee en aan de zeldzaam mooie Negev. De woestijn oefende een magische aantrekkingskracht op ons uit, vooral door de tegenstelling met het sappige, groene Nederland. Een woestijn zoals de Negev is geen lege, eentonige witte zand- of grintvlakte. Er zijn rotsen en bergen, in de meest tere tinten geel en paars. Soms kleuren ze inktzwart en bij zonsondergang worden ze purperrood. We kochten in Eilat een tweede huis waar ik, sinds het overlijden van Dolf, voor het grootste deel van het jaar woon, dicht bij die betoverende woestijn.

Werken was voor mij de enige remedie tegen de leegte die ontstond toen de Tweede Wereldoorlog voorbij was. Ik had niet veel meer dan mijn middelbareschooldiploma en datgene wat ik geleerd had over land- en tuinbouw.

De directeur van de Fruitteeltschool, ir. Honig, één van de moedige Nederlanders die ik tijdens de bezetting had meegemaakt, gaf mij een introductiebrief mee voor ir. A.W. van de Plassche, de directeur van de Tuinbouw bij het Departement van Landbouw in Den Haag. Hij omschreef mij het doel van zijn werk aldus: 'Het hele land ligt in puin, de mensen zijn uitgehongerd, er is niets te eten dus de land- en tuinbouw moet de komende jaren de oplossing brengen.' Van een dergelijke organisatie wilde ik graag deel uitmaken, want als je overleeft heb je nog maar één wens: opbouwen, al was het alleen maar vanuit een gevoel van *noblesse oblige* tegenover degenen die dat niet meer konden.

Drie dagen later betrad ik de wereld van het Departement van Landbouw in een statig gebouw aan het Bezuidenhout in Den Haag. Het werk was vele malen interessanter dan ik me had voorgesteld. Ik moest eropuit naar zwaar getroffen gebieden, contacten leggen, ook met het buitenland, me verdiepen in nieuwe ontwikkelingen. Het was een enerverende baan die veel van iemands flexibiliteit vergde, maar ik barstte van enthousiasme en energie.

Nog geen drie maanden na mijn in dienst treden werd mij meegedeeld dat mijn superieur werd overgeplaatst en dat hij mij zijn functie aanbood. Zo werd ik als enige en eerste vrouw het hoofd van een afdeling en daarmee lid van de staf. In de loop der jaren breidde het werkgebied zich almaar uit, zodat ik op een gegeven ogenblik twintig medewerkers rijk was.

Mijn baan werd mijn lust en mijn leven: boeiend, vervullend. En het hielp de verdringing.

In mijn functie moest ik mij ook gaan bezinnen op mijn verhouding tot Duitsland. Het vrijwel perfecte Duits dat ik in de oorlogsjaren had beheerst, was volslagen weg. In de loop der tijd echter leerde ik het opnieuw vloeiend spreken door mijn contacten en vriendschappen met een ander slag Duitsers dan degenen die ik zo had leren vrezen.

Toen ik deel uitmaakte van een internationale groep die in Amerika in 1952 Agricultural Information ging bestuderen, waarbij acht nationaliteiten geacht werden samen te werken, kwam het voor het eerst tot diepgaande gesprekken met Duitsers. Ik schrok toen van mijn eigen bevooroordeeld zijn.

In 1954, het jaar dat ik was 'uitgeleend' aan de Organisation Européene de Cooperation Economique, de OECE in Parijs, kwam ik opnieuw in aanraking met Duitsers via hun delegatie daar. Mijn werk bracht mee dat ik vanaf die tijd regelmatig naar Duitsland reisde om con-

Trouwdag Betty en Dolf Bausch 20 januari 1961

gressen, workshops en tentoonstellingen te bezoeken. Ik deinsde er niet meer voor terug om er lezingen te geven, weliswaar uitsluitend binnen mijn vakgebied.

Het zou nog heel wat jaren duren voordat ik voldeed aan het verzoek van mijn Duitse vrienden om in Kassel te komen spreken over mijn oorlogservaringen, over mijn Joodse achtergrond en ook over mijn houding ten opzichte van Duitsland. Het is gevaarlijk om te generaliseren en een heel volk over één kam te scheren. Ook mijn Duitse vrienden hebben het moeilijk bij het verwerken van het vreselijke verleden. Zij kennen eveneens een eerste en een tweede generatie oorlogsslachtoffers en een derde die zich, gewetensvoller dan waar ook in Europa, van de smet tracht te ontdoen.

Ik heb geleerd de illusie op te geven dat ik ooit nog een wereld van verdraagzaamheid zal beleven. Maar het raakt mij diep dat mijn Duitse vrienden mij hebben behoed voor ongenuanceerd denken en discriminatie. Dat zij een voorbeeld mogen zijn.

En dan ben ik voor nog iets intens dankbaar: in de aanraking juist met hén werd de ban van mijn zwijgen verbroken.

TERUGBLIK

LIES

Weer zit ik op een steen. Niet in het Atlith van Palestina, maar hoog boven de oudste stad van mijn tweede vaderland. Ik kijk uit over de heuvelen rond en om Jeruzalem naar het nietige, maar moedige Israël. Ik kijk naar het oude, oude land dat al drieduizend jaar voor de geboorte van Christus door Semitische stammen werd bewoond. Wie hebben er allemaal in de Oudheid niet de heerschappij gevoerd: Egyptenaren, Assyriërs, Babyloniërs, Perzen, Macedoniërs, Ptolemeën, Seleuciden, Romeinen en tenslotte Byzanthijnen. In 636 na Christus kwamen de Arabieren als veroveraars, gevolgd in 1516 door de Turken die er tot 1917 hun bewind zouden voeren. De christelijke kruisvaarders wisten zich onder aanvoering van Godfried van Bouillon in 1099 van Jeruzalem meester te maken om er vervolgens tot 1187 stand te houden.

In 1917 werden de Turken opgevolgd door de Engelsen die via de Volkenbond in 1922 het mandaat over het, toen nog Palestina geheten, land verkregen. Vanaf 1920 tot aan 1939 toe, toen de Tweede Wereldoorlog uitbrak, kwamen 300.000 Joodse immigranten het land bewonen, tot groeiende weerzin van de toen nog overwegend Arabische bevolking.

Van wie wás nu eigenlijk het land? Van wie ís het land?

Het land is van de mensen die erop wonen, die het bewerken, Arabieren en Joden gelijkelijk, zou men zeggen. Maar de praktijk was en is anders. Op 29 november 1947 aanvaardde de Algemene Vergadering van de Verenigde Naties de verdeling van Palestina in een Joodse en een Arabische staat. Toen echter de republiek Israël op 14 mei 1948 werd uitgeroepen, brak de hel los.

Vanaf 1944 heb ik de opbouw van een ledig land tot een proeftuin in het Midden-Oosten meegemaakt. Ik heb getracht daaraan mijn eigen bijdrage te leveren. Begonnen als leerling-verpleegster in Jeruzalem kreeg ik vervolgens een aanstelling als lerares in het grote Ramban-ziekenhuis in Haifa, was daarna als verpleegkundige werkzaam in het longziekenhuis in Beer Jaakov, om te eindigen als hoofd van de epidemiologische afdeling op het Ministerie van Gezondheid in Rehovoth.

Hoe levendig kan ik mij die 14^e mei in 1948 voor de geest halen toen ik, zoals iedereen gekluisterd aan de radio, hoorde dat de staat Israël was uitgeroepen.

Na zovele eeuwen over zovele landen verstrooid te zijn geweest, maar al te vaak als minderwaardige burgers, rechteloos en zonder enige bescherming, kregen we dan eindelijk een stuk grond van onszelf. Dat daar een hele hoge prijs aan verbonden was besefte ik al dadelijk door de verpleging van de gewonden van de oorlog die nog in datzelfde jaar uitbrak.

Tot op de huidige dag moeten we onze grond bevechten.

Uitziend over Israël, dat 'Gods Strijder' betekent, overzie ik mijn leven waarvan ik zestig jaar in dit land met zijn rijke historie heb mogen doorbrengen.

Hier heb ik mijn man, Hans Auerbach ontmoet, hier zijn mijn kinderen en kleinkinderen geboren en hoe moeilijk het leven hier soms ook kan zijn, zo'n land verlaat je niet.

Trouwdag Lies en Hans Auerbach , 17 maart 1949

Zittend op mijn steen in de zon bedenk ik dat ik, net als mijn zusje Betty, blijf hopen op vrede met onze niet-Joodse mede- burgers en op verdraagzaamheid over en weer.

Mijn leven is niet makkelijk geweest en het heeft me heel veel moed gekost om met mijn oorlogsverleden in het reine te ko- men. Dat heb ik aan de derde generatie te danken, aan mijn kleinkinderen. In hen leef ik verder, want het is door hun lief- devol vragen en aanhoudende aandacht dat ik, op mijn beurt, me van het grote zwijgen ten slotte heb kunnen ontdoen.

Lies en Hans met hun zoons (Yigal en Micha), hun echtgenotes en kinderen, Israel, Maccabim, 2006

EPILOOG

Drie "Polak kinderen" hebben de Holocaust op een bijzondere wijze overleefd. Onze ouders werden vermoord en onze oudste zus, Juul, bezweek een paar dagen na de bevrijding in het oosten van Duitsland.

Jaap, de oudste, de zes jaar jongere Betty en negen jaar jongere Lies begonnen aan een nieuw leven. Jaap in Amerika, Lies in Israël en Betty o.a. in Nederland.

Jarenlang kon geen van ons drieën over de ervaringen tijdens de Holocaust spreken. Niemand, familie, kinderen, vrienden of bekenden wist wat er met ons gebeurd was tijdens de oorlog. Pas veel later lukte het familieleden en vrienden ons ervan te overtuigen deze ervaringen te publiceren.

Jaap en Ina waren de eersten met hun boek "*Steal a Pencil for me*" [Gap een potlood voor me], waarna wij de Nederlandse versie van Bewogen stilte uitgaven. Een Hebreeuwse en Duitse vertaling volgden, en dit jaar is ook de Engelse versie verschenen. Onze belevenissen maakten zo veel los, dat wij ons verhaal begonnen te vertellen aan een ieder die er naar wilde luisteren; in Amerika, Nederland, Israël en vooral Duitsland. En altijd in de taal van het betreffende land. Vervolgens gingen wij enthousiast in op uitnodigingen om op te treden voor scholen, studenten, diverse organisaties, kleine en grote groepen. Ook in kerken van allerlei gezindten. Tot op de dag van vandaag proberen wij vooral jongeren te inspireren en bewust te maken van de consequenties van discriminatie en intolerantie. Holocaust overlevenden die nog in staat zijn hun verhaal te vertellen symboliseren 'levende Geschiedenis'.

Zolang onze gezondheid het toestaat, blijven wij doorgaan de jongeren aan te moedigen optimistisch te zijn, het leven te omarmen en actief deel te nemen aan het bouwen van een betere wereld. Zij zijn onze toekomst.

Het leven heeft ons veel ontnomen

Het leven heeft ons veel geschonken

Het leven zij gezegend.

Laatste foto van onze ouders in de tuin van hun huis in de Plantage Franschelaan, Amsterdam. Na de oorlog heette deze straat de Henri Polaklaan.

Betty met haar zoons, Jan Willlem (links) en Ruud (midden) Kijkduin, 2004

Jaap's 100e verjaardag op 14 januari, 2013.
Staande, Jaap en Ina's vijf kleinkinderen.
Van links naar rechts: Betty, Ina, Jaap en Lies.

Betty met Duitse middelbare scholieren

Betty tijdens een van haar vele spreekbeurten

Lies, kleindochter Shaked en Betty tijdens de herdenkingsbijeenskomst van 70 jaar sinds Transport 222 uit Bergen-Belsen, Atlit, juli 2014

www.ingramcontent.com/pod-product-compliance
Lightning Source LLC
La Vergne TN
LVHW021346080426
835508LV00020B/2143